essentials

essentials liefern aktuelles Wissen in konzentrierter Form. Die Essenz dessen, worauf es als „State-of-the-Art" in der gegenwärtigen Fachdiskussion oder in der Praxis ankommt. *essentials* informieren schnell, unkompliziert und verständlich

- als Einführung in ein aktuelles Thema aus Ihrem Fachgebiet
- als Einstieg in ein für Sie noch unbekanntes Themenfeld
- als Einblick, um zum Thema mitreden zu können

Die Bücher in elektronischer und gedruckter Form bringen das Expertenwissen von Springer-Fachautoren kompakt zur Darstellung. Sie sind besonders für die Nutzung als eBook auf Tablet-PCs, eBook-Readern und Smartphones geeignet. *essentials:* Wissensbausteine aus den Wirtschafts-, Sozial- und Geisteswissenschaften, aus Technik und Naturwissenschaften sowie aus Medizin, Psychologie und Gesundheitsberufen. Von renommierten Autoren aller Springer-Verlagsmarken.

Weitere Bände in dieser Reihe http://www.springer.com/series/13088

Claudia Funke

Gerechtigkeit

Ein philosophischer Überblick für Pädagogen, Berater und Sozialarbeiter

Claudia Funke
Heidelberg, Deutschland

ISSN 2197-6708 ISSN 2197-6716 (electronic)
essentials
ISBN 978-3-658-16475-1 ISBN 978-3-658-16476-8 (eBook)
DOI 10.1007/978-3-658-16476-8

Die Deutsche Nationalbibliothek verzeichnet diese Publikation in der Deutschen Nationalbibliografie; detaillierte bibliografische Daten sind im Internet über http://dnb.d-nb.de abrufbar.

Springer VS

Gedruckt auf säurefreiem und chlorfrei gebleichtem Papier

Springer VS ist Teil von Springer Nature
Die eingetragene Gesellschaft ist Springer Fachmedien Wiesbaden GmbH
Die Anschrift der Gesellschaft ist: Abraham-Lincoln-Str. 46, 65189 Wiesbaden, Germany

Was Sie in diesem *essential* finden können

- Einen Einblick in die Philosophie der Gerechtigkeit von der Antike bis heute
- Einen Überblick über verschiedene Formen, Gerechtigkeit auszuhandeln
- Einen Einblick in das Konzept der „Gerechtigkeit in nahen Beziehungen"
- Einen Einblick in das Konzept der Mediation als Aushandeln von Gerechtigkeit anhand der „Restorative Justice" (Täter-Opfer-Ausgleich)
- Hinweise und hilfreiche Informationen zum Umgang mit eigenem und fremdem Gerechtigkeitsverständnis

Inhaltsverzeichnis

1 Einleitung: Dem eigenen Gerechtigkeitsverständnis auf der Spur

Wer in sozialen Berufen arbeitet, versucht, über professionelles Handeln zu einem gelingenden Leben für die ihm anvertrauten Menschen beizutragen. Die Interessen und Bedürfnisse des Schülers, der Klientin, des Patienten stehen an erster Stelle. Man selbst nimmt sich zurück. Gleichzeitig bleibt man immer Mensch mit eigenen Werten und eigenen Gefühlen. In vielen Situationen schreiben diese das Drehbuch des professionellen Handelns mit, ob man will oder nicht. „Professionalität ist nur als reflexive möglich", so fassen es Grunwald und Thiersch im Handbuch Soziale Arbeit (2015).

Unser Gerechtigkeitsempfinden als eine unserer emotionalen Triebkräfte steuert unsere Haltungen und damit auch unser Handeln. In ihm können sich ganz unterschiedliche Werte vereinen. Damit wird es zu einem starken Handlungsmotivator. In diesem Buch geht es darum, diesen Motivator besser kennen zu lernen und seiner Motivationskraft im eigenen professionellen Handeln auf die Spur zu kommen.

Ein Beispiel aus der Praxis: Ich arbeite im Täter-Opfer-Ausgleich und vermittele dort als Mediatorin zwischen Tätern und Opfern von Straftaten. Ziel ist es, über eine allparteiliche Begleitung der Konfliktparteien zu einer tragenden außergerichtlichen Lösung zu kommen. Einer meiner Kollegen erlebte einen Fall, in dem sein eigenes Gerechtigkeitsverständnis im Vermittlungsprozess zu einer relevanten Größe wurde: Es ging um einen Jugendlichen, der Bilder von Klassenkameradinnen mit sexistischem Inhalt ins Internet gestellt hatte. Er war daraufhin von der gemeinsamen Klassenfahrt ausgeschlossen worden. Die Kosten für die Fahrt mussten seine Eltern trotzdem übernehmen. Im Vermittlungsprozess zeigten

C. Funke, *Gerechtigkeit,* essentials,
DOI 10.1007/978-3-658-16476-8_1

sich die Eltern des Jungen empört. Sie empfanden das Vorgehen der Schule als ungerecht. Da der Mediator selbst jedoch diesen Sachverhalt im Vergleich zur Tat des Jungen als irrelevant empfand, konnte er nicht empathisch auf die Eltern eingehen. Er lief dabei Gefahr, deren notwendige Mitwirkung im Fall zu verlieren. Sein eigenes Gerechtigkeitsempfinden kam ihm sozusagen „in die Quere“: Er empfand das Verhalten des Jugendlichen als eine so große Ungerechtigkeit, dass dagegen die Reaktion der Schule gar nicht ins Gewicht fiel. So zeigte sich sein Gerechtigkeitsempfinden als starker Motivator für sein Handeln: Er gab der Empörung der Elternseite keinen Raum. Die Rolle des allparteilichen Vermittlers war, zumindest in Teilen, verlassen. Erst als er den Fall im Kollegenkreis reflektierte, konnte er den Vermittlungsprozess erfolgreich weiterführen.

Gerechtigkeitsempfinden und was es begründet

Jeder Mensch hat intuitiv ein Gespür dafür, was gerecht und was ungerecht ist. Zu sagen, *warum* man etwas gerecht oder ungerecht findet, fällt hingegen oft schwer: Orientiere ich mich an einem bestimmten Prinzip, an etwas, was allgemein gültig ist? Am Rechtssystem? An den „guten Sitten“? Oder muss ich es gar nicht begründen, zählt einfach nur, was mir meine Intuition oder auch mein gesunder Menschenverstand sagen?

Unterschieden werden müssen hier vor allem ein Gefühl und ein Argument für unser Urteilen über „gerecht“ und „ungerecht“. Aber selbst hinter einem Gefühl, hinter Intuition und Common Sense, stehen in der Regel bestimmte Prinzipien. Es kann begründet werden, warum jemand dieses oder jenes als gerecht empfindet. Vielleicht nicht umfassend und logisch eloquent – aber so, dass man darüber sprechen kann. Nur dass wir das selten tun in unserem Alltags- und Berufsleben.

Genau diese Eigenschaft eines jeden Gerechtigkeitsempfindens ebenso wie jeder Gerechtigkeitsvorstellung, nämlich dass es begründbar ist, macht es zu einer verhandelbaren Größe. Zu etwas, das in der Auseinandersetzung, im Austausch und Dialog, erforscht und auch verändert werden kann. Dabei kann sich herausstellen, dass das eigene Gerechtigkeitsverständnis Widersprüche enthält oder vielleicht Anteile hat, die man bei genauem Hinsehen so gar nicht vertreten möchte. Und man kann beispielsweise bewusst entscheiden, welchem von mehreren Prinzipien man die Priorität für sein Handeln geben möchte. Eine solche Entscheidung wird jedoch nur möglich über den Weg der Reflexion, des Erforschens dessen, was dahinter liegt.

Recht und Gerechtigkeit
Während beim eigenen Gerechtigkeitsverständnis ein moralisches Subjekt selbst entscheidet, was es aufgrund bestimmter Prinzipien als gerecht annehmen möchte, ist das Recht gesetzt. Recht gilt. Es kann von der Gerichtsbarkeit unterschiedlich ausgelegt und von der Judikative verändert werden, aber grundsätzlich gilt es. Vor Gericht entscheidet der Richter – anders als in der oben erwähnten Methode des Täter-Opfer-Ausgleichs, in dem die Konfliktparteien die (ebenfalls dann rechtsgültige) Entscheidung selbst aushandeln.

Recht und Gerechtigkeit sind nicht deckungsgleich.[1] Sie können auch in Konflikt miteinander geraten. Ein aktuelles Beispiel hierfür ist der Konflikt zwischen den internationalen Menschenrechten und der Souveränität des Nationalstaates in der Flüchtlingsdebatte (vgl. Benhabib 2008). Je nachdem wie stark man das Recht des Staates auf rechtliche Selbstbestimmung, hier vor allem über seine Grenzen und seine Zuwanderungsbedingungen, bewertet, wird das Gerechtigkeitsempfinden berührt: Die einen empfinden es als ungerecht, dass verfolgte Menschen in Deutschland abgewiesen werden, andere als nur gerecht. Das richtet sich danach, welchem Prinzip – „jeder Staat darf völlig unabhängig über seine Belange entscheiden und sich jederzeit nach außen schützen“ versus „Jeder hat das Recht, in anderen Ländern vor Verfolgung Asyl zu suchen und zu genießen“ (vgl. Art 14 Allg. Erklärung der Menschenrechte) – man jeweils den Vorrang gibt.

In medias res – Was ist für Sie „gerecht“?
Dieses Buch lädt Sie dazu ein, Ihr eigenes Gerechtigkeitsverständnis zu reflektieren und es, falls gewünscht, an bestimmten Stellen zu erweitern oder zu verändern. Hierzu stellt es verschiedene Denkansätze vor, die von der Antike bis heute von bekannten Philosophen zu dieser Frage gedacht wurden. Auf diese Weise können Sie Ihren eigenen Zugang zum Thema „Gerechtigkeit“ finden und angedachte Konzepte anhand eigener oder aktueller politischer Fragen hinterfragen und erproben.

Zu Beginn biete ich Ihnen an, dass Sie sich selbst folgende Fragen stellen:

▶ **Was denken Sie heute über Gerechtigkeit? Was macht für Sie Gerechtigkeit aus?**

[1] Dem Zustand, dass Recht nicht notwendig gleich Gerechtigkeit ist, trägt im deutschen Recht die sogenannte Radbrusch'sche Formel Rechnung.

Ich lade Sie hierzu zu einer kleinen Denkübung ein.

Denken Sie an ein Ereignis oder eine Situation, die Sie als ungerecht empfunden haben. Was ist geschehen? Beschreiben Sie die Situation:

……

……

Was haben Sie in dieser Situation gedacht?

……

……

Was genau daran war für Sie ungerecht oder unfair? Und aus welchem Grund?

……

……

Was für Gefühle oder Stimmungen hatten Sie in dem Moment?

……

……

Was wäre gerecht gewesen?

……

……

Wenn Sie mögen, stellen Sie sich zur selben Situation noch eine weitere Frage: Was bedeutet Ihnen Gerechtigkeit? Welche Stimmungen und Gefühle verbinden Sie damit? Vielleicht welche Hoffnungen oder welche Ängste?

……

……

Von der Antike bis heute ist in der klassischen Philosophie über Gerechtigkeit nachgedacht worden. Und bis heute gibt es kein umfassendes, allgemein anerkanntes Konzept. Trotzdem ist die Frage nach Gerechtigkeit nie verstummt. Schließlich liegt in ihr zugleich die Frage nach dem guten Leben, nach einem friedlichen Miteinander, nach einem guten Zusammenspiel von Ordnung, Sicherheit und Freiheit: „Hierbei besteht weitgehend Einigkeit darüber, was abstrakt unter sozialer Gerechtigkeit zu verstehen ist: moralisch begründete und allgemein akzeptierte Regeln zur Verteilung knapper, begehrter Güter und beschwerlicher Lasten. Was soziale Gerechtigkeit jedoch konkret bedeutet, nach welchen Regeln [Güter und Lasten] zu verteilen sind, ist heftig umstritten“ (Hradil 2016). „Gerechtigkeit“ macht ein weites Feld auf. Auch darum ist sie so schwer zu fassen (siehe Abb. 1.1).

Chancengleichheit
Alle Menschen sollen unabhängig von ihrer sozialen Herkunft, ihres Geschlechts, Alters, religiösen Zugehörigkeit oder anderer Unterschiede das Recht auf den gleichen Zugang zu Lebenschancen haben. In Deutschland ist dieses Recht im Grundgesetz festgehalten (GG Artikel 3, Diskriminierungsverbot).

Generationen-/ und Familiengerechtigkeit
Derzeitige Generationen sollen so handeln, dass es kommenden Generationen genauso gut oder besser gehen kann als ihnen. Hierhin gehören u. A. die Diskussion um die Rentenreform, um Nachhaltigkeit und Staatsverschuldung.

Verteilungsgerechtigkeit (distributive Gerechtigkeit)
Alle Ressourcen - materielle, geistige, kulturelle Güter sowie Ämter und Machtbefugnisse – sollen nach gerechten Regeln (Regelgerechtigkeit) mit einem gerechten Ergebnis (Ergebnisgerechtigkeit) verteilt werden.
Dazu, welche Regeln zur Verteilung und auch welches Ergebnis hierbei gerecht sind, gibt es verschiedene Auffassungen, z.B. orientiert an Leistung oder Bedürftigkeit etc.

Zugangsgerechtigkeit
Jeder soll grundsätzlich den gleichen Zugang zu Ressourcen für seine Lebensgestaltung haben, inklusive Zugang zu Berufen und Ämtern.

Leistungsgerechtigkeit
Einkommen, Vermögen, Ämter und Machtbefugnisse sollen entsprechend der Leistung der jeweiligen Gesellschaftsmitglieder verteilt werden: wer mehr leistet, erhält mehr. Wie genau sich Leistung bemessen lässt, ist umstritten.

Teilhabegerechtigkeit
Jeder soll zur selbstbestimmten Teilhabe an der Gesellschaft befähigt werden, und zwar im wirtschaftlichen, politischen, sozialen und kulturellen Bereich. Gewährleistet wird dies über gesellschaftliche Strukturen und Institutionen. Der Teilhabebegriff bildet eine Alternative zum Konzept der „Fürsorge" in den Sozialwissenschaften.

Bedarfsgerechtigkeit
Einkommen, Vermögen, Ämter und Machtbefugnisse sollen entsprechend der Bedürfnisse der jeweiligen Gesellschaftsmitglieder verteilt werden: jeder bekommt in dem Bereich mehr, wo er mehr benötigt. Da Bedürfnisse individuell verschieden und daher nicht objektiv ermittelbar sind, ist deren Festlegung schwierig und im Grunde auf Dialog angewiesen.

Abb. 1.1 Einige Grundformen der Gerechtigkeit im Überblick. (Nach Hradil 2016)

Eine Umfrage: Was Deutsche über Gerechtigkeit denken

Nähern wir uns ihr zunächst von der empirischen Seite. Eine Befragung des Instituts für Demoskopie Allensbach von 2013 hat ergeben, dass die Mehrheit der deutschen Bürger über einen komplexen und anspruchsvollen Gerechtigkeitsbegriff verfügt. Jeder soll die gleichen Chancen haben, sagen die Befragten – die Chancengleichheit steht im Zentrum ihrer Gerechtigkeitsauffassung. Gleichzeitig sind ihnen auch andere Gerechtigkeitsformen wichtig: die Leistungsgerechtigkeit, ebenso Familien- und Generationengerechtigkeit sowie Verteilungsgerechtigkeit – hierin spiegeln sich viele der Gerechtigkeitskonzepte, die wir im Folgenden näher kennenlernen werden. Als zuständig für das Herstellen gerechter Verhältnisse sehen die Befragten den deutschen Staat. Dieses Meinungsbild spiegelt diverse normative Grundbestimmungen von Gerechtigkeit, die in der Philosophiegeschichte existieren.

In modernen komplexen Gesellschaften gehen Gerechtigkeitsvorstellungen naturgemäß immer stärker auseinander. So wird es zunehmend komplizierter zu bestimmen, wann etwas gerecht und wann etwas ungerecht ist. Das liegt unter anderem an der Globalisierung, die uns beispielsweise vor Fragen wie den oben erörterten Konflikt von nationalem zu internationalem Recht und entsprechender Gerechtigkeit stellt. Aber auch die Veränderung traditioneller Familienstrukturen, die „Pluralisierung der Lebensformen“ ebenso wie eine teils starke Säkularisierung neben dem Zusammenleben verschiedener Kulturen und Religionen tragen dazu bei.

Die Gerechtigkeit in der Philosophie – ein Überblick

Was hat nun die Philosophie dazu zu sagen? Die sogenannte „Liebe zur Weisheit“ hat sich dem Thema der Gerechtigkeit zu allen Zeiten umfassend gewidmet. Allerdings ist sie dabei zu unterschiedlichen Ergebnissen gekommen. Betrachtet man philosophische Theorien der Gerechtigkeit, so stellt man einige grundlegende Verschiedenheiten fest:

Die einen bestimmen „Gerechtigkeit“ als etwas, das unabhängig vom Denken und Handeln der Menschen existiert. Dabei geht es um allgemeingültige Prinzipien. Die Philosophie nennt das „transzendental“. Die so gedachte Gerechtigkeit hat sozusagen eine eigene Existenz und „lebt“ unabhängig von Zeit und Raum – sie gilt heute genauso wie im Mittelalter, ebenso in Deutschland wie auch in der Mongolei.

Philosophische These A: Was gerecht ist und was ungerecht bestimmen allgemein gültige Normen

Andere begreifen „Gerechtigkeit“ als etwas, das über eine soziale Übereinkunft im Zusammenleben von Menschen entsteht. Es zeigt sich in den Sitten und

Gebräuchen und im Gesetz, dem positiven Recht. Die so bestimmte Gerechtigkeit kann in unterschiedlichen Gesellschaften komplett verschieden aussehen.

Philosophische These B: Was gerecht ist und was ungerecht bestimmen soziale und rechtliche Normen
In beiden Konzepten wird die Durchsetzung gerechter Entscheidungen mehr oder weniger zur Sache des Staates gemacht.

Ein weiterer wichtiger Unterschied liegt in der Bewertung des Willens. Die einen sagen: Ist der Wille, nach dem ich handle, gut, das heißt, stimmt meine Absicht, dann ist auch die Handlung gerecht.

Philosophische These C: Was gerecht ist, bestimmt sich nach einem guten oder schlechten Willen
Die anderen sagen: Nicht der Wille zählt, sondern welche Folgen eine Handlung tatsächlich hat – nur darüber lässt sich beurteilen, ob sie gut oder schlecht, gerecht oder ungerecht ist.

Philosophische These D: Was gerecht ist bestimmt sich über die Folgen, die eine Handlung hat
Wir werden uns die verschiedenen philosophischen Ansätze im Folgenden anhand der Denker, die sie vertreten, genauer ansehen. Was bleibt, ist: Wir müssen uns entscheiden. Wenn wir nicht einer Religion anhängen, die uns bestimmte Werte und Gerechtigkeitsvorstellungen vorschreibt, oder wenn wir die Werte, die uns unsere Umgebung, unsere Ursprungsfamilie und Freunde anbieten, nicht unhinterfragt übernehmen wollen, gilt es, eine bewusste Entscheidung zu treffen.

Was ist „Gerechtigkeit“? Philosophische Konzepte von der Antike bis heute

2

2.1 PLATON (428–348 v. Chr.): Der Philosophenstaat

Bei Platon findet sich die älteste schriftlich gefasste Philosophie der Gerechtigkeit in Europa. In dem Dialog *Politeia – Über das Gerechte* diskutiert Platon in Form des sokratischen Dialogs[1] verschiedene Ansätze von Gerechtigkeit.

Von Platon imaginiert diskutiert Sokrates leidenschaftlich mit verschiedenen Gesprächspartnern: Bedeutet Gerechtigkeit soziale Kooperation, also Versprechen, Verträge und Gesetze einzuhalten – die sogenannte *iustitia regulativa?* Oder besteht sie darin, „dass man einem jeden erstattet, was ihm gebührt“ (Platon 1989, 332c), die *iustitia distributiva?* Zahlt sich Gerechtigkeit aus oder ist man am Ende „der Dumme“, wenn man gerecht handelt? Oder ist sie gar das beste Mittel zu einem guten, glücklichen Leben? Platon zufolge ist es genau das: Gerechtigkeit ist Zweck an sich, sie ist in sich schön und gut, und zugleich das Mittel zum Glück.

Allem liegt Platons Zwei-Welten-Lehre zugrunde: Hier die Welt der Dinge, bestimmt als das Werdende, die Physis, und dort die Welt der Ideen, das ewig Feststehende, der Logos. Die Welt der Ideen ist für Platon hierbei die eigentlich wahre. Die Ideen sind klar, die Dinge, wie wir sie wahrnehmen, ein undefiniertes Schattenreich. Das berühmte Höhlengleichnis fasst dies in folgendes Bild: Der gewöhnliche Mensch sieht nur die Schatten der Ideen auf der Höhlenwand, die verschiedenen Zustände, die die ewigen Wahrheiten in der Welt der Dinge

[1]In der literarischen Gestalt des „sokratischen Dialogs“ lässt Platon seinen Lehrer Sokrates als Hauptperson sprechen. Er demonstriert so seine diskursive Vorgehensweise im Umgang mit einzelnen Problemen und Gesprächspartnern.

C. Funke, *Gerechtigkeit,* essentials,
DOI 10.1007/978-3-658-16476-8_2

annehmen. Das eigentliche Wesen der Dinge sieht er nicht. Und er merkt nicht einmal, dass er nur unklare Abbilder wahrnimmt, sondern hält das, was er sieht, für das Wahre. Dabei ist in Platons Lehre diese Erkenntnis entscheidend: Erkennt man nicht nur das Abbild des Guten, sondern seine Idee, sein „Wahres", folgt daraus mit Gewissheit vernünftiges Handeln – und zwar privat wie politisch.

Da diese Erkenntnis laut Platon jedoch nur den Philosophen gelingt, wird die *politeia* bei Platon zum Philosophenstaat. In der Idee des Guten steckt die Ordnung und innere Harmonie des Systems. Wer diese Idee am besten erkennt, der kann sie auch am besten leben und der sollte entsprechend das Gemeinwesen regieren. Hierauf baut Platon seine gesamte Theorie des Gemeinwesens auf: Zur Aufgabe der Philosophen wird es, die Ordnung zu erkennen und sie durchzusetzen. Durchzusetzen ist sie entgegen aller Abweichungen, notfalls auch mit Gewalt.

Kommen wir zurück zur Gerechtigkeit: Gerechtigkeit gehört laut Platon untrennbar zu den Strukturen des Gemeinwesens. Sie bedeutet, dass „jeder das Eigene und Seinige hat und tut" (Platon 1989, 433e): Damit ist gemeint, dass jeder den Platz in der naturgegebenen Ordnung des Gemeinwesens einnimmt. Dieser Platz kommt ihm über die ihm eigenen natürlichen Fähigkeiten – Anlagen, Vorlieben, körperliche und geistige Stärken und Schwächen – zu. Ebenso sollte er das tun, was er am besten kann. Ein so strukturiertes Gemeinwesen ist gerecht und nützlich für alle. Was heißt das genau?

Für Platon besteht die ideale Gesellschaft aus einem Drei-Klassen-System: die Regenten, welche das Gemeinwesen leiten, die Wächter, die für die Sicherheit nach innen und außen zuständig sind, sowie die Bürger, die ihren je berufsspezifischen Interessen nachgehen. Die Gesellschaft teilt sich in eine politische Ebene von Regenten und Wächtern und eine unpolitische, die Ebene der Bürger. Laut Platon entspricht dies der Gerechtigkeit. Gerechtigkeit ist die Grundlage für ein vollendetes Gemeinwesen. Auf diese Weise wird das Gemeinwesen sozusagen „eine runde Sache" und funktioniert als harmonisches Miteinander.

Es kann gegen diese Aufteilung des Gemeinwesens überhaupt keinen Widerspruch geben: Was für das Gemeinwesen am besten ist, ist es auch für jedes Individuum, das in ihm lebt. Bei Gerechtigkeit geht es demnach nicht um die Beurteilung von Handlungen oder Zuständen als „gerecht" oder „ungerecht". Gerechtigkeit ist vielmehr ein Zustand innerer Geordnetheit, einer Art Harmonie im Gemeinwesen und mit sich selbst. Die Ordnung, innerhalb derer sich dieses vollzieht, ist absolut und nicht verhandelbar. Es gibt nur eine Idee des Guten – entweder hat man sie erkannt und lebt ihr entsprechend oder nicht. Die Vorstellung von Bürgern, die ihre Bedürfnisse artikulieren und diese dann im öffentlichen Raum verhandeln und darüber Handlungsmacht schaffen, ist Platon fremd.

Platons Vorstellung von Gerechtigkeit löst in der heutigen Zeit oft Irritationen aus. Ein Mehrere-Klassen-System, für Platon Ausdruck der Gerechtigkeit, ist für uns heute ein Begriff zur Beschreibung von ungerechten Zuständen. Innerhalb von Platons Theoriegebäude ist es jedoch folgerichtig.

Immer wieder kritisiert wird, dass Platons Idee des Guten inhaltlich ungeklärt bleibt. Ordnung ja – aber warum diese? Auch der Weg zur Erkenntnis ist nicht eindeutig beschrieben. Die Bestimmung derjenigen, die die „Wissenden" und damit die Mächtigen sind, scheint willkürlich.

Gerecht ist…

… was der Idee des Guten entspricht. Dieser Idee entspricht es, wenn jeder seinen Platz in der Gesellschaft einnimmt: die Wissenden den der politischen Führung und des Sicherheitswesens, die Unwissenden den des arbeitenden Bürgers.

… wenn jeder den Beruf ausübt, der seinen Fähigkeiten und Kenntnissen entspricht. In einem Zustand der Gerechtigkeit lebt, wer mit sich selbst und seiner Rolle im Gemeinwesen, im Frieden ist.

Zuständig dafür, dass es gerecht zugeht…

… sind diejenigen, die die Idee des Guten erkannt haben: die Regenten des Staates.

Entscheidende Grundform der Gerechtigkeit

Platon lässt sich mit modernen Grundformen der Gerechtigkeit nur schwer fassen – jeder bekommt das, was ihm wesentlich entspricht. Das hat eine gewisse Ähnlichkeit mit der Form der „Leistungsgerechtigkeit", ist aber von Platon anders gedacht: Nicht die Leistung entscheidet über den Platz in der Gesellschaft, sondern das Sein.

2.2 ARISTOTELES (384–322 v. Chr.): Übung macht den Meister der Tugendhaftigkeit

Aristoteles ist Platonschüler, verweigert aber die strikte Trennung zwischen den zwei Welten der Ideen und der Dinge. Er entwickelt vielmehr eine Theorie der Dynamik zwischen diesen Welten, indem er den Wandel und die Entwicklung adelt: Bei Aristoteles entwickelt sich der Mensch durch Erfahrung und Tätigkeit. Statt wie bei Platon entspricht die Tätigkeit nicht bereits festgelegten Ordnungsprinzipien, sondern jeder entwickelt ein ihm eigenes Prinzip, wie er an die Dinge herangeht. Was willst du, was ist der Zweck deiner Handlung, fragt Aristoteles. In der *Nikomachischen Ethik* setzt er entsprechend dem platonischen Ideenreich die Fragen des alltäglichen Lebens entgegen.

Laut Aristoteles besteht das Leben aus Handlungen, aus Tätigkeiten. Unbestritten ist dabei, dass jeder Mensch mit seinem Handeln unterschiedliche Interessen verfolgt. Zugleich gibt es seiner Auffassung nach ein Ziel, das allen gemeinsam ist: das Glück *(eudaimonia).* Man nennt die Ethik von Aristoteles darum auch eine „eudämonistische Ethik".

Unter „Glück" versteht Aristoteles ein sinnerfülltes Leben ohne Fremdbestimmung. Dieses Leben gewinnt man über Tätigkeiten, die dazu beitragen, dieses Leben einzuüben. All das hat die Form der Entwicklung, es ist nichts Gegebenes. Der Schlüssel zum Glück ist dabei das tugendhafte Handeln. Wer tugendhaft handelt, wird ein glückliches Leben leben. Wie stellt Aristoteles sich das vor? Zunächst macht Übung den Meister: Zum tugendhaften Handeln kommt man, indem man Gewohnheiten ausbildet.

Für Aristoteles hängt die Tugendhaftigkeit einer Handlung vor allem von den Umständen ab, unter denen gerade gehandelt wird: Es kann tugendhaft sein, sich zum Beispiel einem Angreifer tapfer in den Weg zu stellen und dadurch den oder die Angegriffene zu schützen. Wenn es aber zum Beispiel mehrere Angreifer sind, kann es tugendhaft sein, weg zu laufen und die Polizei zu holen, auch wenn es einen drängt, dazwischen zu gehen – mit vermutlich geringen Erfolgschancen. Eigentlich tugendhaft ist in diesem Moment, sein Temperament zu zügeln und situativ angemessen vernünftig zu entscheiden. Was jeweils die goldene Mitte ist, bestimmt sich über das Verhältnis zur jeweiligen Aufgabe, Zeit und Situation. Oder in Aristoteles' Worten: „Vielmehr müssen die Handelnden selbst jeweils das im Hinblick auf die Situation […] Angemessene erwägen" (Aristoteles 2006, 1104 a 8 f.) Was demnach jeweils tugendhaft ist, ist nicht universell und allgemeingültig, sondern hängt ab von historischen und gesellschaftlichen Umständen, von Zeit und Raum.

Aristoteles spricht in diesem Zusammenhang von der weithin bekannten „Goldenen Mitte": Seiner Ansicht nach gilt es, eine gute Mitte zwischen zwei Extremen zu finden. Extreme wären zum Beispiel Tollkühnheit und Feigheit mit der goldenen Mitte der Tapferkeit oder Verschwendung und Geiz mit der goldenen Mitte der Großzügigkeit. Bestimmt wird die Goldene Mitte über vernünftiges Nachdenken.

Exkurs: situatives Handeln/situative Intelligenz

Situatives Handeln oder auch situative Intelligenz bezeichnet die Fähigkeit, in einer gegebenen Situation anmessen und nicht nach vorgegebenen Schablonen zu handeln. Intersubjektiv gefasst beschreibt es die Fähigkeit, andere zu verstehen sowie sich ihnen gegenüber situationsangemessen und klug zu verhalten. Es setzt sich entsprechend ab vom „So macht man das“ und sucht nach dem „Was tue ich am besten in dieser spezifischen Situation“ – das, was Aristoteles als „tugendhaft“ fasst. Hierzu gehört beispielsweise, im Job die richtigen Prioritäten zu setzen statt alles gleichzeitig anzugehen oder zu wissen, wie ich jemandem gegenüber meinen Ärger ausdrücke, ohne ihn völlig vor den Kopf zu stoßen. Ziel in der professionellen Begleitung sind Selbstkompetenz und Autonomie.

Gerechtigkeit als Tugend – austeilende und ausgleichende Gerechtigkeit

Gerechtigkeit ist für Aristoteles eine der Tugenden, die das Gesetz vorschreibt. Von den anderen Tugenden unterscheidet sie sich darin, dass man sie nicht nur gegen sich selbst, sondern vor allem gegenüber anderen anwendet – sie ist sozusagen eine soziale Tugend. Das ergibt sich schon aus ihrer Bezogenheit auf das Gesetz, das ja die Interaktion zwischen den Mitgliedern einer Gesellschaft regelt. Konkret fasst Aristoteles es folgendermaßen: „gerecht [wird] derjenige sein, der die Gesetze beachtet […] und eine Einstellung der Gleichheit […] hat“ (Aristoteles 2006, 1129 a 31–34).

Entsprechend dem Grundsatz der Gleichheit führt er erstmals in der Philosophiegeschichte die Begriffe der „austeilenden“ (distributiven) und der „ausgleichenden“ Gerechtigkeit ein. Die *distributive Gerechtigkeit* bezieht Aristoteles auf die Geldverteilung aus öffentlichen Mitteln und die Aufteilung von öffentlichen Ämtern und Machtbefugnissen. Gerecht ist diese Aufteilung, wenn sie geometrisch proportional ist – sich also nicht an reinen Zahlen (arithmetisch) orientiert, sondern daran, dass Menschen und auch Güter verschieden sind. Gerecht in seinem Sinn ist eine Verteilung, die besagte Güter proportional zum Verhältnis der erbrachten Leistungen verteilt. Die *ausgleichende Gerechtigkeit* gleicht Güter oder Schädigungen bei Geschäftsbeziehungen aus – ihr Inhalt ist es, einen Bewertungsmaßstab für den Tausch von Leistungen und Gütern z. B. zwischen Ärzten und Tischlern zu geben. Auch hier ist Gleichheit Grundlage der Gerechtigkeit. Mittel zur Herstellung der Gleichheit ist das Geld. Letzter Maßstab ist die Lebensdienlichkeit der Leistungen und Güter.

Als letzte Form von Gerechtigkeit gesellt sich die *korrigierende Gerechtigkeit* dazu: Diese tritt beispielsweise bei Straftaten ein. Dann ist es Aufgabe eines Richters, „korrigierend“ Vor- und Nachteil wieder ins Gleichgewicht bringen: Dem Täter Vorteil nehmen und dem Opfer einen Ausgleich schaffen, der einen quantitativen (materiellen) und einen qualitativen (immateriellen) Anteil hat (Vgl. Kapitel: Mediation am Beispiel der Restorative Justice).

Aus heutiger Sicht fällt besonders ein Zusammenhang bei Aristoteles ins Auge: Es ist nicht gerecht, dass alle ein gutes Leben haben und dass dafür zum Beispiel von staatlicher Stelle gesorgt wird. Vielmehr haben *dann* alle ein gutes Leben, wenn sie gerecht handeln. Gerechtigkeit ist also nicht die Verteilung von der Ressource „gutes Leben", sondern das *Medium,* durch welches wir ein ein gutes Leben haben. Im gerechten Handeln steckt dieses Medium, dieses Mittel zum guten Leben.

Gerecht ist...
...wenn Güter, Ämter und Machtpositionen entsprechend dem, was jeder ist und leistet, verteilt sind.

...wenn jeder nach seinen Fähigkeiten leisten und jeder nach seinen Bedürfnissen leben kann.

... tugendhaft zu leben.

Zuständig dafür, dass es gerecht zugeht...
... ist jeder Einzelne für sich, indem er sich in der Tugend einübt und sie ausübt.

...ist das Gemeinwesen bzw. verschiedene Institutionen des Staates, so zum Beispiel die Rechtsgebung und die Gerichte.

Entscheidende Grundform der Gerechtigkeit
Auch Aristoteles lässt sich mit modernen Grundformen der Gerechtigkeit schwer fassen. Am ehesten kann man seine Vorstellung wohl mit einer Kombination aus Leistungs- und Bedarfsgerechtigkeit beschreiben: Jeder soll nach seinen Bedürfnissen leben können. Zugleich werden Ressourcen danach verteilt, was jeder leistet und ist.

2.3 JOHN LOCKE (1632–1704): Vater des Liberalismus

Aus der griechischen Antike machen wir nun einen Sprung ins Europa des 17. Jahrhunderts. Dort lebte und wirkte der Engländer John Locke. Er gilt als Vater des Liberalismus, einer Art Denkfamilie, die seit dem 17. Jahrhundert viele Entwicklungen durchgemacht hat und mittlerweile auch zum Teil konträre Flügel umfasst.

Der Liberalismus denkt wenig kollektiv, sondern immer vom Individuum her. Ihm zugrunde liegt der Gedanke von der Freiheit und Selbstbestimmtheit des Individuums, vor allem gegenüber staatlicher Gewalt. Der Staat hat gleichzeitig die Aufgabe, genau diese Freiheit zu garantieren, denn sie endet dort, wo die Freiheit des anderen Individuums beginnt – eine interessante Konstellation. Zentrum ist und bleibt jedoch das freie und selbstverantwortliche, im Liberalismus grundsätzlich als vernünftiges und einsichtiges gedachte Individuum. Kollektiven Entscheidungen liegen keine allgemeinen Prinzipien zugrunde, sie verfolgen auch keine höheren Ziele. Sie sind vielmehr dem „normativen Individualismus"[2] entsprechend aus den Überzeugungen einzelner Individuen abgeleitet.

Lockes politische Philosophie beeinflusste maßgeblich die Verfassungen aller liberalen Staaten. Seine Gerechtigkeitsvorstellung ist entsprechend liberal geprägt und eng verbunden mit seiner Staatsauffassung: Lockes Theorie nach in der *Zweiten Abhandlung über die Regierung* befinden sich alle Menschen ursprünglich von Natur aus im „Zustand der Gleichheit" (Locke 2007 § 4): „vollkommene Freiheit und uneingeschränkter Genuss aller Rechte und Privilegien des natürlichen Gesetzes in Gleichheit mit allen anderen Menschen" sind angeborene Rechte eines jeden Menschen. Locke spricht von einem „Naturrecht". Es beinhaltet das allen gleiche Recht auf Leben, Freiheit, Besitz und – im Naturzustand – Selbstjustiz.

Ohne eine Instanz, die diese Rechte sichert, leben die Menschen jedoch im Kriegszustand. Darum schließen sie sich per Vertrag zu Gesellschaften zusammen und geben dabei ihr Recht auf Selbstjustiz auf. Gerecht ist, wenn jeder in diesem Rahmen sein Recht auf Leben, Freiheit und Besitz wahrnehmen kann. Im Zentrum steht für Locke hierbei der ungestörte Genuss des Eigentums. Hierfür zu sorgen ist Aufgabe des Staates. Die Justiz ersetzt die Selbstjustiz.

Exkurs: Vertragstheorie

Locke gehört zu den sogenannten „Vertragstheoretikern". Diese gehen davon aus, dass eine gerechte Gesellschaftsform erst möglich wird, wenn die Mitglieder der Gesellschaft einen gemeinsamen Vertrag darüber eingehen. Vorher herrsche Kriegszustand. Der Vertrag besteht darin, bestimmte Rechte an den Staat abzugeben, der sich wiederum im Rückzug für deren Erhalt verantwortlich zeichnet – z. B. Freiheit, Schutz von Besitz und Leben etc. Vertragstheoretiker gehen davon aus, dass ohne einen solchen Gesellschaftsvertrag ein friedliches Zusammenleben unmöglich ist.

[2]Im normativen Individualismus ist der letzte Bezugspunkt einer Rechtfertigung, sei es für eine ethische, moralische, rechtliche oder politische Entscheidung, stets das Individuum, nicht aber ein Kollektiv wie die Familie, eine Religionsgemeinschaft oder der Staat.

Das allem zugrunde liegende Naturrecht erkennt und verwirklicht der Mensch durch die Vernunft. Eine entsprechend zentrale Rolle nehmen für Locke Bildung und Erziehung ein: nur der vernünftige Mensch kann wirklich frei sein. Der Mensch wird als *tabula rasa,* die berühmte „leere Tafel", geboren und erreicht alle Erkenntnis über die Erfahrung: „Nichts ist im Verstand, was nicht vorher in den Sinnen gewesen wäre". Vorgegebene Prinzipien gibt es nicht. Auch die Idee der Gerechtigkeit ist erworben und nicht angeboren. Moralische Grundsätze müssen entsprechend durch die Vernunft begründet werden, wollen sie Allgemeingültigkeit beanspruchen. Ebenso kann nur wirklich frei sein, wer Vernunft gewonnen hat.

Laut Locke unterscheiden sich die Menschen dann in der konkreten Lebensgestaltung – für ihn ist dies jedoch kein Problem der Gerechtigkeit. Sind ihnen ihre Grundrechte garantiert, dann herrscht Gerechtigkeit. Was ein jeder daraus macht, ist im Grunde seine Sache. Jeder ist selbst für sein Leben verantwortlich, er ist sozusagen „seines Glückes Schmied". Eine Verteilungsgerechtigkeit, die wie bei Aristoteles nach gleicher Verteilung der materiellen Güter strebt, gibt es in seiner Theorie nicht. Auch den Wohlfahrtsstaat kennt er nicht – verantwortlich für die Sorge um die Armen sind diejenigen, die besitzend sind. Die Gleichheit liegt einzig in der staatlich garantierten Realisierung der Freiheit.[3]

Zentral ist und bleibt in allem der Begriff des Rechts auf Eigentum (materieller Besitz, Leben, Freiheit). Der eigentliche Rechtsanspruch auf materielle Dinge wird hierbei durch Arbeit gewonnen. Locke geht in dieser Gewichtung so weit, dass in seinem Staatsgebilde nur Besitzende ein Wahlrecht haben – Frauen und Besitzlose sind von politischen Entscheidungen ausgeschlossen.

Interessant ist, dass Locke das Recht auf materiellen Besitz auf den direkten Nutzen beschränkt, den der Eigentümer von seinem Besitz hat: Das Verderbenlassen von Lebensmitteln beispielsweise gilt ihm als Überschreitung des rechtmäßigen Eigentums (vgl. Locke 2007 § 32 und 37). Wer seine Lebensmittel verderben lassen kann, besitzt zu viel davon. Durch die Erfindung des Geldes wird jedoch das Eigentum an Produktionsmitteln wie Land etc. über den eigenen Bedarf hinaus möglich. Der Markt wird zum Ort des Tausches.

[3]Der Liberalismus wird im 20. Jahrhundert durch John Maynard Keynes erweitert, der vor dem Hintergrund der Weltwirtschaftskrise Wohlfahrtsstaat und Vollbeschäftigung zur Immunisierung gegen antikapitalistische Bestrebungen vorschlägt. Erst damit wird Lockes Denkgebäude wirklich um eine soziale Theorie erweitert. Individuelle Freiheit bleibt aber höchstes Gut.

Exkurs: Bezug auf heute

Ein Drittel aller Lebensmittel landet weltweit im Müll. Gleichzeitig hungern 795 Mio. Menschen, alle zehn Sekunden stirbt ein Kind an Mangel- oder Unterernährung. 95 % der Hungernden leben in Entwicklungsländern, die Industrieländer verursachen den Großteil des Lebensmittelmülls. Mit Locke lässt sich dieser Zustand als ungerecht kritisieren. Seiner Logik nach wäre dieser Zustand nur gerecht, wenn die hungernden Menschen die Möglichkeit bekämen, dieses Essen käuflich zu erwerben – und hierzu auch die Mittel hätten. Unklar bleibt, wo im Rahmen von globalen Handelsbeziehungen der direkte Nutzen aufhört und ein unangemessener und ungerechter Überfluss beginnt.[4]

Häufig wird an Lockes Gerechtigkeitskonzeption kritisiert, dass er das Individuum in den Mittelpunkt stellt und Gemeinschaftszusammenhänge und eventuelle Umverteilungsnotwendigkeiten vernachlässigt. Ein weiterer Kritikpunkt ist die zentrale Rolle der Vernunft als einzige Möglichkeit auf die Realisierung von Freiheit. Was ist mit strukturell begründet nicht so gebildeten Menschen oder Menschen mit einer geistigen oder psychischen Behinderung? Diese Fragen bleiben offen.

Gerecht ist…

… wenn die Gesellschaft so geordnet ist, dass Menschen ihre unveräußerlichen Rechte auf Leben, Freiheit und Besitz realisieren können.

… wenn jeder selbstbestimmt sein Leben leben kann – unbeschadet und uneingeschränkt von staatlichen Eingriffen in seine unveräußerlichen Rechte.

Zuständig dafür, dass es gerecht zugeht …

… der Staat mit Legislative und Exekutive.

… in eingeschränktem Maße der besitzende Teil der Gesellschaft.

Entscheidende Grundform der Gerechtigkeit

Leistungsgerechtigkeit

[4]Quellen: welthungerhilfe.de und wfp.org; Mehr Infos zum Beispiel im Dokumentarfilm „Taste the Waste“ oder auch „We feed the world“.

2.4 IMMANUEL KANT (1724–1804): Kategorischer Imperativ als Prinzip des Willens

Um Kant zu verstehen, müssen wir ganz anders denken als bei Locke oder Aristoteles. Beim großen Denker der Aufklärung gibt es keinen Gesellschaftsvertrag, auch stehen nicht Tugenden oder Glückseligkeit im Mittelpunkt. Vielmehr geht es ihm grundsätzlich um moralisches Handeln, und bei Kant bedeutet das: das Erfüllen einer Pflicht. Entscheidend dabei ist, dass wir uns diese Pflicht selbst geben – sie wird uns nicht von außen auferlegt. Kant nennt das „das moralische Gesetz in mir". Es ist eine Pflicht, die ausschließlich aus der Vernunft begründet ist – bei Kant herrscht Vernunftrecht statt Naturrecht.[5]

Entscheidend für Kant ist der „gute" Wille: „Es ist überall nichts in der Welt, ja überhaupt auch außer derselben zu denken möglich, was ohne Einschränkung für gut könnte gehalten werden, als allein ein guter Wille" (Kant 1966, 18; B1). Wann ist nun ein Wille „allein gut"? Kant denkt den Willen als frei: Was wir wollen, steht uns frei in dem Sinn, dass wir aus der Situation heraustreten und überlegen können, was ist die gute oder richtige Entscheidung. Ein Beispiel: Ob ich mich als freiwilliger Helfer oder Helferin in der Flüchtlingsarbeit engagiere, kann verschiedene Gründe haben. Vielleicht will ich dazu beitragen, dass Flüchtlinge sich in Deutschland willkommen fühlen. Vielleicht will ich aber auch meinem Leben einen Sinn geben, den ich in meinem Alltag nicht finde. Oder ich bin vielleicht in den jungen Flüchtlingshelfer J. verliebt und möchte einfach in seiner Nähe sein. Der Wille, aus dem heraus ich eine bestimmte Entscheidung treffe und dann beginne entsprechend zu handeln, kann also sehr unterschiedlich aussehen. Meist wird es eine Mischung aus verschiedenen Willensbestrebungen sein.

Im Sinne Kants ist hierbei das Entscheidende, dass der letztliche Grund für mein Handeln die Pflicht ist – in diesem Beispiel dürfte mich ein Weggehen von J. als Objekt meines subjektiven Begehrens gerade nicht davon abhalten, weiter in der Flüchtlingshilfe bei der Stange zu bleiben. Denn aus welchem Grund heraus ich handle, ist meine freie Entscheidung. Die muss ich sozusagen „im Griff" haben und sie darf nicht, wie Kant es nennt, von „Neigungen" beherrscht sein. Für das Ergebnis spielt dieser Hintergrund zunächst keine Rolle: ich helfe Flüchtlingen. Für Kant jedoch ist gerade dieser Hintergrund entscheidend, denn nur ein Wille, der sich an einer Maxime wie „Ich soll Menschen helfen" orientiert, führt zu einer beständigen und verlässlichen moralischen Handlung. Geht es mir nur

[5]Relevante Werke für Kants Gerechtigkeitstheorie sind: Grundlegung zur Metaphysik der Sitten; Kritik der reinen und Kritik der praktischen Vernunft und Die Metaphysik der Sitten sowie die Schriften zur Rechtsphilosophie.

um J., werde ich die Flüchtlingshilfe wieder verlassen, wenn er kein Interesse an mir zeigt oder selbst nicht mehr kommt. Denn ich handle eben nicht nach einer Maxime, sondern ich bin von meinen Bedürfnissen und Neigungen geleitet.

Für das Überprüfen der Maxime, nach der ich handle, stellt uns Kant ein moralisches Instrumentarium bereit: den kategorischen Imperativ. Dieser bestimmt sozusagen die „Allgemeinverträglichkeit" der Handlung. Er lautet: „Handle nur nach derjenigen Maxime, durch die du zugleich wollen kannst, dass sie ein allgemeines Gesetz werde" (Kant 1966, 51; B52). Bezogen auf unser Beispiel bedeutet das: Wenn es ein allgemeines Prinzip wäre, nur dann zu helfen, wenn man damit jemandem näher kommt, in den man verliebt ist, könnte man sich auf Hilfsbereitschaft nicht verlassen. Man stelle sich vor, ich würde einen Menschen nicht vor dem Ertrinken retten, weil derjenige, den ich damit beeindrucken möchte, gerade nicht anwesend ist. Helfe ich jedoch aus Respekt vor anderen Menschen oder weil Hilfsbereitschaft die Gesellschaft zusammenhält und Vertrauen und Verlässlichkeit fördert, folge ich einem Prinzip, das – verallgemeinert gefasst – das Gefüge der Gesellschaft zusammenhält.

▶ **Der Kategorische Imperativ** „Handle nur nach derjenigen Maxime, durch die du zugleich wollen kannst, dass sie ein allgemeines Gesetz werde" (Grundform).

„Handle so, dass du die Menschheit sowohl in deiner Person, als in der Person eines jeden anderen, jederzeit zugleich als Zweck, niemals bloß als Mittel brauchest" (Selbstzweckformel).

Kant begründet entsprechend eine sogenannte „Pflichtethik". Zentrum seiner Ethik sind Imperative, Pflichten und Notwendigkeiten. Es geht darum, das zu wählen, was die Vernunft unabhängig von der Neigung als gut erkennt – Erkenntnisgrundlage ist die Orientierung am moralischen Gesetz in mir, dem Kategorischen Imperativ. Wie sich das inhaltlich füllt, entscheidet sich in jeder Situation neu. Dabei sollen uns nicht Intuition, Bauchgefühl oder Empathie leiten, sondern allein vernünftige Prinzipien: Wir müssen *denken,* bevor wir handeln.

Exkurs: Pflichtethik bzw. Deontologische Ethik

Der Begriff „Pflichtethik" bezeichnet ethische Theorien, die Handlungen unabhängig von ihren Konsequenzen beurteilen. Eine Handlung ist in sich gut, wenn sie sich nach einer verpflichtenden Regel richtet. Entsprechend unterscheidet man Pflichtethiken von den sogenannten konsequentialistischen Ethiken. Bei diesen sind ausschließlich die Konsequenzen der Handlung ethisch relevant (z. B. Utilitarismus). Auch von den Tugendethiken, für die Motivation und Charakter des Handelnden die entscheidende Rolle spielen, ist die Pflichtethik abgegrenzt.

Mittel zum Zweck oder Selbstzweck – eine entscheidende Frage

Grundlegend für Kants Verständnis von Gerechtigkeit ist eine weitere Formulierung des Kategorischen Imperativs. Dabei geht es Kant um die Würde und den absoluten Wert eines jeden Menschen. Kant formuliert es so: „Handle so, dass du die Menschheit sowohl in deiner Person, als in der Person eines jeden anderen, jederzeit zugleich als Zweck, niemals bloß als Mittel brauchest" (Kant 1966, 63; B69).

Wann gebrauche ich einen Menschen nur als Mittel? Das tue ich, wenn seine eigenen Interessen und Bedürfnisse für mich nicht zählen, ich ihn vielmehr für meine Interessen instrumentalisiere. In unserem obigen Beispiel gedacht: Wenn ich die Flüchtlinge nur dazu benutze, J. treffen zu können, ihr Schicksal mich jedoch eigentlich gar nicht interessiert, benutze ich sie nur als Mittel zum Zweck. Das ist im Sinne Kants ein No-Go. Wenn ich mich jedoch gleichzeitig von ihren Schicksalen berühren lasse und aktiv für ihre Interessen einsetze, dann brauche ich sie „zugleich als Zweck", nicht bloß als Mittel – und mein Handeln ist gerechtfertigt. Die Selbstzweckformel gilt gegenüber jedem Menschen und ist somit ein Gebot der Gleichheit.

Gerechtigkeit und Recht

Gerecht ist laut Kant ein Gesetz, wenn es der bloßen Idee der Vernunft folgt. Das heißt, ein Gesetz muss so gestaltet sein, dass jeder Bürger, der seinem inneren moralischen Gesetz – dem kategorischen Imperativ – folgt, ihm zustimmen kann. Gerechtigkeit bezieht sich also auch im Recht grundlegend auf das moralische Gesetz. Die Gesetze muss der Gesetzgeber so geben, „als ob sie aus dem vereinigten Willen eines ganzen Volkes haben entspringen können" (Kant 1988, S. 268).

Gerecht ist...

... seinen Willen gesetzestreu gegenüber dem Kategorischen Imperativ zu bestimmen. Das ist Pflichterfüllung gegenüber dem, was notwendig ist, und darin ist es gerecht.

... in allem, was man tut, sich selbst und jeden anderen niemals nur als Mittel für etwas zu benutzen. Es müssen immer auch die Interessen und Bedürfnisse jedes einzelnen Berücksichtigung finden.

Zuständig dafür, dass es gerecht zugeht...

... ist jeder selbst, indem er sich auf das moralische Gesetz in sich bezieht.

... die Gesetzgebung, solange sie sich an der Idee der Vernunft orientiert.

Entscheidende Grundform der Gerechtigkeit
Mit dem Kategorische Imperativ lassen sich verschiedene Formen begründen – im Grunde alles, was in seinem Sinn „Allgemeinverträglichkeit" gewährleistet. Das kann neben Leistungs- und Bedarfsgerechtigkeit ebenso Zugangsgerechtigkeit und Generationen- und Familiengerechtigkeit sein.

2.5 Utilitarismus nach JOHN STUART MILL (1806–1873): Größtmögliches Glück der größtmöglichen Zahl

Im Unterschied zum kantianischen Ansatz stehen bei utilitaristischen Theorien die Folgen einer Handlung im Mittelpunkt. Die Frage, die bei einer jeden Handlung zu stellen ist, lautet: Wie nützlich ist die Handlung? Oder präziser formuliert: Sind die Folgen für das Wohlergehen aller von der Handlung Betroffenen optimal?

▶ **Der „Schlachtruf" des Utilitarismus ist:** Maximiere die Nützlichkeit! Maximiere die allgemeine Menge an Glück! Sorge für das größtmögliche Glück der größtmöglichen Zahl!

Mill geht in *Der Utilitarismus* davon aus, dass alles Handeln hedonistisch ist – alles was wir tun, hat zum Ziel, dass es uns möglichst gut geht. Wir orientieren uns am Lustgewinn. Mill sieht hierin jedoch nichts Anrüchiges. Er ist der Meinung, dass Nützlichkeit und Lust in eins fallen. Lustgewinn hat nichts Oberflächliches, er betrifft vielmehr den Kern unseres Wesens.

Die Grundlage für eine moralische Beurteilung ist entsprechend das Wohlergehen. Mill spricht hierbei explizit von „Glück": Handlungen sind für ihn moralisch richtig, wenn sie „die Tendenz haben, Glück zu befördern, und insoweit moralisch falsch, als sie die Tendenz haben, das Gegenteil von Glück zu bewirken" (Mill 2006, S. 23) Ziel ist allerdings nicht das individuelle Glück des Einzelnen, sondern „das größte Glück insgesamt". (ebd., S. 37) Mill bezieht sich hierbei auf „die gesamte Menschheit in größtmöglichem Umfang." Und er geht davon aus, dass das Gemeinschaftsgefühl fest im Menschen verwurzelt ist, der Mensch sich also generell auch für das Wohl dieser Menschheit interessiert.

Passend ausgedrückt ist Mills Moralprinzip in der Goldenen Regel: „Was du nicht willst, dass man dir tu, das füg auch keinem andern zu", oder biblisch ausgedrückt: „Liebe deinen Nächsten wie dich selbst." Selbstliebe und

Nächstenliebe, individuelle und gesellschaftliche Interessen werden in diesem Grundsatz zusammen gezogen. Dass das nicht immer störungsfrei funktioniert, ist offensichtlich. Mill schreibt darum auch der moralischen Unterweisung und der Gewohnheit eine wichtige Rolle zu: Wir lernen erst über die Folgen unserer Handlungen, was tatsächlich lustfördernd ist und was nicht. Ebenso müssen wir den Blick auf die Allgemeinheit und die Folgen unserer Handlungen auf diese erlenen, indem wir entsprechende Erfahrungen machen.

Exkurs: Neurobiologie: Kooperation oder Konkurrenz – Wie sind wir „gestrickt"?

Sind wir Menschen grundsätzlich aggressiv und in Konkurrenz zueinander? Oder streben wir vielmehr nach Kooperation und gegenseitiger Anerkennung? Die moderne neurobiologische Forschung hat als primäre Motivation des Menschen die Suche nach sozialer Akzeptanz und Bindung ausgemacht. Aggression zeigt sich nicht, wie mit Referenz auf Darwin angenommen, als biologischer „Trieb" (Lorenz) oder als beruhend auf einem „egoistischen Gen" (Dawkins). Bauer beschreibt sie vielmehr als bloße *Reaktion,* auf körperlich zugefügten Schmerz ebenso wie auf soziale Ausgrenzung: „wo Personen bedroht, von signifikanten Verstößen gegen gebotene Fairness oder soziale Ausgrenzung betroffen sind (oder meinen, davon betroffen zu sein), wird das Aggressionspotenzial massiv ansteigen." (Bauer 2008, S. 156; vgl. auch Bauer 2013) – utilitaristisch gesprochen: Unlust führt zu Aggression, Lustempfinden zu Kooperation.

Die Rolle des Gewissens – innere und äußere Sanktionen

Wo bei Kant Neigung und Lust schlechte Ratgeber sind, bilden sie bei Mill den eigentlichen Seismografen für Moralität und Unmoralität. Allerdings geht Mill wie gesagt davon aus, dass den Menschen nur das wirklich Lust bereitet, was dem Gemeinschaftsgefühl entspricht. Rein individueller Nutzen führt für ihn zur Unlust, die wie eine Art „innere Sanktion" (vgl. Müller 2014, S. 45) funktioniert: Wir bekommen ein schlechtes Gewissen. Wer dieses Gefühl nicht kenne, also kein Gewissen habe, brauche äußere Sanktionen.

Gerechtigkeit und Nützlichkeit

Selbstverständlich hängen auch Gerechtigkeit und Nützlichkeit im Utilitarismus eng zusammen: Gerecht ist, was der allgemeinen Nützlichkeit dient, ungerecht, was ihr entgegensteht. Gerechtigkeit wird dabei über Gesetz und Recht garantiert: zum Gedanken der Gerechtigkeit gehört, denjenigen zu bestrafen, der gegen die Regel verstößt. Hierzu gehört die Vorstellung, gerecht sei, dass „jeder das bekommt (sei es ein Gut oder ein Übel), was er verdient." (Mill 2006, S. 133) – wer Gutes tut, verdient Gutes, wer Übles tut, Übles.

Außerdem fordert Gerechtigkeit im Sinne Mills eine Gleichbehandlung aller Menschen – es sei denn der Grundsatz der allgemeinen Nützlichkeit erfordert es, Ungleichheit anzuwenden. Kommt es in diesem Sinn in Entscheidungssituationen zu Kollisionen, entscheidet das Prinzip der Nützlichkeit, des größten Glücks aller.

Exkurs: Das Straßenbahn-Dilemma (nach Food und Welzel)

Stellen Sie sich vor, Ihr Job ist es, eine Weiche zu stellen. Ein Zug, dessen Bremsen kaputt sind, rast auf die Weiche zu. Auf der Strecke befinden sich fünf Bahnarbeiter. Sie können die Arbeiter nicht warnen. Wenn Sie die Weiche nicht stellen, sterben alle fünf. Wenn Sie die Weiche umstellen und den Zug umleiten, stirbt nur ein Bahnarbeiter, der sich auf der Nebenstrecke befindet. – Was sollten Sie der utilitaristischen Ethik entsprechend tun? Was ist gerecht?

(Lösung: Grundsätzlich müssten Sie die Weiche umstellen: das größte Glück der größtmöglichen Zahl ist das Leben von fünf abgewogen gegen das Leben von einem. Allerdings kommt zum quantitativen Kriterium „möglichst viele Menschenleben“ für Mill auch die Qualität des Glücks hinzu. Wenn der eine Arbeiter auf dem Nebengleis zum Beispiel ein besonders liebevoller Familienvater von fünf Kindern ist, während die fünf griesgrämige Miesepeter sind, die ihre Frauen schlagen, sieht die Entscheidung schon anders aus.)

Man kann an den Utilitarismus die Frage stellen, ob es nicht fundamentale, unveräußerliche Rechte wie zum Beispiel das Recht auf Leben gibt, die auch durch größeres Wohlbefinden einer größeren Zahl nicht ausgehebelt werden können. Hierzu gehört die moralische Grundfrage, ob man überhaupt aus irgendwelchen Gründen jemanden töten darf.

Gerecht ist…

… eine jede Handlung, die zum größtmöglichen Glück der größtmöglichen Zahl von Betroffenen dieser Handlung führt.

… alles, was der allgemeinen Nützlichkeit dient.

… wenn jeder das bekommt, was er seinem Handeln entsprechend verdient.

Dafür zuständig, dass es gerecht zugeht, ist…

… erst mal jeder Einzelne für sich.

… im Zweifelsfall Recht und Gesetz.

Entscheidende Grundform der Gerechtigkeit

Eine Art Sonderform der Leistungsgerechtigkeit, indem jeder das bekommt, was er verdient – allerdings nicht bezogen auf seine Arbeitsleistung, sondern sozusagen auf seine „moralische“ Leistung, sein gutes oder schlechtes Handeln.

2.6 JOHN RAWLS (1921–2002): Der Schleier des Nichtwissens

Laut Rawls setzt der Utilitarismus ein Maß an Altruismus voraus, das man so nicht voraussetzen kann. Er selbst geht davon aus, dass jeder Mensch seinen eigenen Nutzen maximieren will – und zwar nur seinen eigenen Nutzen. Wer Macht oder Privilegien hat, wird sie nicht freiwillig aufgeben. Gerechtigkeitsprinzipien im Sinne einer Umverteilung in einer bestehenden Gesellschaft zu etablieren, funktioniert darum nicht.

Er fordert uns deshalb in *Eine Theorie der Gerechtigkeit* zu einer Art Simulation auf: Man stelle sich einen Urzustand vor, zu welchem sich jeder Mensch hinter einem „Schleier des Nichtwissens" befindet. Keiner weiß, welche Rolle, welchen Status oder welches Geschlecht er in der kommenden Gesellschaft haben wird. Aus dieser Situation heraus müssen die Menschen entscheiden, nach welchen Regeln und Gesetzen sie zusammen leben wollen. Hierüber schließen sie dann einen Gesellschaftsvertrag – und erst dann geht es los! Weil jeder seinen eigenen Nutzen maximieren will, wird er versuchen, eine möglichst ausgewogene und gleichberechtigte Gesellschaftsstruktur zu schaffen. Diskriminierungen sind vom Stand des Nichtwissens her nicht nur ungerecht, sondern auch unvernünftig. So entsteht eine gerechte Grundstruktur der Gesellschaft als faire Kooperation zwischen freien und gleichen Bürgern, meint Rawls.

Rawls hält einen derart geschlossenen Vertrag für besonders stabil, da er von gleichen und freien Menschen für eine offene Zukunft entworfen wurde. Er geht davon aus, dass zu diesem Vertrag eine Verteilungsgerechtigkeit gehört: Jeder hat die gleichen Grundrechte und Grundpflichten. Außerdem herrscht Chancengleichheit – jeder soll die gleiche faire Chance haben, Einkommen, Vermögen und Zugang zu Machtpositionen zu erwerben. Im weiteren Zusammenleben können so verschiedene Einkommen- und Vermögensschichten in der Gesellschaft entstehen – das klassifiziert Rawls grundsätzlich nicht als ungerecht.

Exkurs Übung:

Machen Sie den Test: Begeben Sie sich hinter den Schleier des Nichtwissens. Wie müsste eine gerechte Gesellschaft von dieser Situation aus Ihrer Meinung nach aussehen?

Rawls führt zwei Grundsätze ein, die eine möglichst gerechte Form von Gleichheit garantieren sollen: das *Prinzip der gleichen Freiheit* und das Differenzprinzip bzw. die Maximin-Regel.

Das Prinzip der gleichen Freiheit besagt, dass alle die gleichen Grundfreiheiten haben. Hierzu gehören aktives und passives Wahlrecht, Freiheit der Meinungsäußerung und Versammlung, Freiheit des Gewissens und des Denkens, Freiheit vor willkürlicher Verhaftung ebenso wie das Recht, persönliches Eigentum zu besitzen.

Das *Differenzprinzip* besagt, dass nur dann „einige mehr haben dürfen, wenn das die Lage derer, die weniger haben, verbessert“ (Rawls 1975, S. 114). Konkret ausgedrückt: „Soziale und wirtschaftliche Ungleichheiten müssen [...] den am wenigsten Begünstigten den größtmöglichen Vorteil bringen“ (ebd., S. 336). Auf diese Weise sollen Ungleichheiten, die die betroffenen Menschen selbst nicht zu verantworten haben wie zum Beispiel unterschiedliche Begabungen, ererbte Vermögen oder gesellschaftliche Positionen ausgeglichen werden. Die Lohnungleichheit zwischen einem Manager und einem Sachbearbeiter ist nach diesem Prinzip beispielsweise zulässig, wenn eine Angleichung den Sachbearbeiter im Ganzen noch schlechter stellen würde – ein Gedanke, der auch vielen aktuellen zum Beispiel investitions-politischen Entscheidungen zugrunde liegt.

Träger und Ausführer der vereinbarten Gerechtigkeitsprinzipien sind gerechte Institutionen, also zum Beispiel Gerichte, Behörden, Bildungseinrichtungen etc.

Rationaler Lebensplan und vernünftiger Pluralismus

Die Motivation zum guten Handeln sieht Rawls im „rationalen Lebensplan“. Angelehnt an Aristoteles besteht dieser für Rawls darin, seine Fähigkeiten im Rahmen einer Tätigkeit einsetzen zu können. Die Befriedigung sei hierbei umso größer, je besser entwickelt oder je komplizierter diese Fähigkeiten seien. Bildung kommt somit eine große Rolle zu, ebenso der Zugangsmöglichkeit zu den verschiedenen Berufen und Tätigkeiten innerhalb der Gesellschaft. Es gilt, die „Lotterie der Natur“ auszugleichen. So müsste man mit Rawls beispielsweise für die Frauenquote in Aufsichtsräten plädieren ebenso wie für die Abschaffung der Einkommens- und Vermögensgrenzen für Menschen mit Behinderung.

Dass es innerhalb der so verfassten Gesellschaft einen Pluralismus von Wertvorstellungen und Weltanschauen gibt, ist für Rawls durch und durch vernünftig: Er begrüßt mit der Denkfigur des *vernünftigen Pluralismus* die plurale Verfasstheit der modernen Gesellschaft. Für Rawls ist diese Verfasstheit das Ergebnis einer frei tätigen praktisch-politischen Vernunft – und damit vernünftig *und* gerecht. Stabilität garantiert die unter dem Schleier des Nichtwissens etablierte Verfassung.

Der Neuentwurf: Gerechtigkeit als Fairness

In einem späteren Neuentwurf, der *Gerechtigkeit als Fairneß. Ein Neuentwurf* verliert die Entscheidung unter dem „Schleier des Nichtwissens“ den Charakter eines abstrakten Gedankenexperiments. Gerechtigkeit soll nun vielmehr diskursiv behandelt werden – Rawls rückt hiermit in seinem Spätwerk in die Richtung einer Diskursethik: Die Grundsätze der Gerechtigkeit müssen unter freien und gleichen Bürgern zustimmungsfähig sein. Zentral für Rawls werden ein übergreifender Konsens, der öffentliche Vernunftgebrauch und das Urteilen. Grundlage bleibt jedoch der Schleier des Nichtwissens – jeder, der über gerecht und ungerecht urteilt, soll sich in die Situation des ursprünglichen Nichtwissens hinein versetzen.

Eine Frage, die man an Rawls stellen kann, ist diejenige nach der Sinnhaftigkeit des Urzustands. Führt der Gedanke, unter dem Schleier des Nichtwissens zu entscheiden, wirklich zu einer neutralen Entscheidung? Dieser Zustand kann nie wirklich erreicht werden – wir sind immer schon in bestimmten gesellschaftlichen Verhältnissen. Ob wir diese gedanklich komplett verlassen können, ist zweifelhaft. Sollte eine öffentliche Diskussion über Gerechtigkeitsprinzipien demnach nicht besser aus dem Wissen um die tatsächlichen gesellschaftlichen Verhältnisse heraus geführt werden?

Gerecht ist…

… wenn die Grundstruktur der Gesellschaft so geordnet ist, dass Güter und Chancen zum Vorteil der schlechtest gestellten Mitglieder der Gesellschaft verteilt sind (Differenzprinzip).

… wenn alle Menschen die gleichen Grundfreiheiten haben (Prinzip der gleichen Freiheit).

… wenn unterschiedlichste Lebensweisen versöhnlich nebeneinander existieren und in fairer Kooperation leben können (vernünftiger Pluralismus).

Dafür zuständig, dass es gerecht zugeht…

… ist die – auf Grundlage des „Schleiers des Nichtwissens" verhandelbare – Grundstruktur der Gesellschaft.

… sind gerechte Institutionen, also Institutionen, die für eine gerechte Verteilung von Rechten, Pflichten, Gütern, Tätigkeiten und Ämtern sorgen.

Entscheidende Grundform der Gerechtigkeit

Chancengleichheit, Verteilungs- und Teilhabegerechtigkeit

2.7 AMARTYA SEN (*1933): Befähigung zum besseren Leben

Sen ist ein indischer Philosoph und Träger des Ökonomie-Nobelpreises. In seiner Gerechtigkeitstheorie geht es um Befähigung (capability). Darunter versteht er die Möglichkeit, sich selbst zu einem besseren Leben zu verhelfen. Dazu gehört für

Sen, dass Gerechtigkeit grundsätzlich im konkreten Lebensverlauf ausgehandelt werden muss – Sen begründet in *Die Idee der Gerechtigkeit* eine Art Diskursethik.

Exkurs: Argumentations- oder Diskurs-Ethik

Mit Amartya Sen sind wir bei einem klassischen Diskurs-Ethiker angelangt. Anders als in der Tugendethik, der Pflichtethik oder den Vertragstheorien kommen in der Diskursethik Ergebnisse in einem intersubjektiven Prozess zustande – sie werden von den Beteiligten in einem Dialog im Hier und Jetzt und in der Regel im öffentlichen Raum ausgehandelt. Es geht darum, mithilfe einer vernünftigen Argumentation einen Konsens zu finden. Die Diskurs-Ethik geht hierbei zumeist von einer „idealen Sprechsituation“ aus, in der tatsächlich alle Beteiligten gleich am dialogischen Aushandeln beteiligt sind (Habermas spricht vom „herrschaftsfreien Diskurs“). Diese Form der Auseinandersetzung, das Verfahren, ist Grundlage der Gerechtigkeit. Darum nennt man diese Form der Ethik auch „Verfahrensethik“: sie bestimmt nur das Verfahren, über welches gerechte Lösungen gefunden werden, nicht die konkreten Inhalte.

Eine abstrakte unparteiische Einigung über gerechte soziale Regelungen kann es seiner Meinung nach nicht geben – die Vorstellungen über die Natur einer gerechten Gesellschaft sind einfach zu verschieden. Den Bezug auf ein Ideal von vollkommener Gerechtigkeit, das für alle gilt, hält er darum für nicht zweckdienlich. Er plädiert dafür, die Pluralität konkurrierender Gerechtigkeitsansätze, die es in modernen komplexen Gesellschaften gibt, anzuerkennen. Die Idee des Gesellschaftsvertrags der Vertragstheoretiker werde dem nicht gerecht. Sen geht es um die konkrete Verbesserung von bestehenden Ungerechtigkeiten – nicht um die Theorie des idealen Gerechtigkeitszustands.

Autor des eigenen Lebensweges werden

Zentrum seines Gerechtigkeitskonzepts ist der Fokus auf die individuellen Vorstellungen von einem guten Leben. Er plädiert für die Freiheit, „Autor des eigenen Lebensweges“ (Neuhäuser 2013, S. 15) zu sein. Durch Befähigung soll sichergestellt werden, dass jeder seinen eigenen Vorstellungen entsprechend ein gutes Leben führen kann. Das Streben nach Gerechtigkeit sieht er als in der menschlichen Natur verankert, als dem Menschen wesentlich. Das schließt er daraus, dass jeder Mensch Mitgefühl empfinden, sich vom Schmerz und der Demütigung anderer anrühren lassen kann. Als weiteren Hinweis wertet er, dass Menschen anderer Meinung sein und nach Freiheit streben können.

Vernünftige Auseinandersetzung – ein ständig neues Ringen um Gerechtigkeit
Welchen Inhalt die Gerechtigkeit für jeden einzelnen annimmt, das lässt sich, wie schon gesagt, nicht überindividuell bestimmen. Man kann nicht sagen, was „für alle" gerecht ist. Auch nicht, wenn wir uns bei der Entscheidung über „gerecht" und „ungerecht" wie von Rawls vorgeschlagen hinter einem Schleier des Nichtwissens befinden. Dafür ist die Welt zu komplex und wandelbar. Entsprechend ist Sen's Konzept von Gerechtigkeit ein dynamisches: „Zu fragen, welchen Lauf die Dinge nehmen und ob sie verbessert werden können, gehört konstant und unumgänglich zum Streben nach Gerechtigkeit." (Sen 2010, S. 114) Sen entwirft eine Theorie kollektiver Entscheidungen: nötig sei „Raum für vernünftige Auseinandersetzung" (ebd., S. 117). Es geht darum, immer wieder neu über Gerechtigkeit zu verhandeln und zu entscheiden.

Seine Theorie kennt darum konsequenterweise keinen spezifischen Entwurf für die gerechte Organisation einer Gesellschaft. Er bestimmt nicht, wie diese inhaltlich auszusehen hat. Ob eine Gesellschaft Gerechtigkeit verwirklichen kann, hängt aber von zwei Bedingungen ab:

1. Sie muss Raum für vernünftige Auseinandersetzung schaffen.
2. Sie muss den Menschen die Chance geben, dass sie ein nach ihren Maßstäben besseres Leben anstreben können.

Die globale Perspektive
Neben der Pluralität und Komplexität einzelner Gesellschaften berücksichtigt Sen das Phänomen der globalisierten Welt: die Einschätzung Außenstehender einer gewissen Gesellschaft soll in der vernünftigen Auseinandersetzung genauso Berücksichtigung finden wie diejenige der Mitglieder einer einzelnen Gesellschaft untereinander. Auch die globale Perspektive ist also in die Entscheidung über gerechte Verhältnisse einzubeziehen. Sen nahm entsprechend Einfluss auf Weltbank und IWF zum Beispiel bei der Entwicklung des Human Development Indexes.

Der Fähigkeiten-Ansatz: Capabilities
Das Herzstück von Sens Gerechtigkeitskonzeption ist der Fähigkeitenansatz, auch Capability-Ansatz genannt. Denn Sen geht es um die *tatsächlichen* Chancen auf die Verwirklichung eines besseren Lebens. Und darum, dass der Mensch selbst Akteur, also Handelnder hierbei ist: „Der Fähigkeitenansatz misst dem Akteursstatus des betroffenen Menschen eine deutlich größere Bedeutung bei als alle anderen Ansätze das tun" (Neuhäuser 2013, S. 62).

Zu den Bereichen, die für die Verwirklichung eines besseren Lebens relevant sind, gehören für ihn:

- Einkommen und Vermögen
- Die Freiheit, die eigene Lebensweise zu wählen
- Gesundheitsfürsorge, Ausbildungsqualität und sozialer Zusammenhalt
- Umweltverantwortung und nachhaltige Entwicklung

Exkurs: Lebensweltorientierung in den Sozialwissenschaften

Mit Sen engschließen lässt sich der lebensweltliche Ansatz. Dieser plädiert dafür, Ungleichheiten in den realen Lebensverhältnissen abzubauen. Neben Verteilungs- und Zugangsgerechtigkeit versteht er auch die Gestaltung von Lebensverhältnissen – Strukturen, Ressourcen und Kompetenzen in der alltäglichen Lebenswelt – als Aufgabe der Gesellschaft. Menschen sollen im Rahmen ihrer eigenen Kompetenzen möglichst selbstbestimmt leben können: im Respekt vor dem, was faktisch da ist, werden zugleich Chancen aufgetan. Die Alltagserfahrungen der Adressat/innen sollen dabei gerade nicht übergangen, sondern bewusst als primärer Bezugspunkt der Arbeit genutzt werden.

Kollektive Entscheidung in demokratischen Verfahren statt Fokus auf der Rolle von Institutionen

Während bei Rawls Institutionen eine entscheidende Rolle für die Verwirklichung von Gerechtigkeit spielen, konzentriert sich der Ansatz von Sen auf das tatsächliche Verhalten der Menschen und auf faire Verfahren zur Aushandlung von Gerechtigkeit. Er ist der Meinung, dass eine Gerechtigkeitstheorie mit institutionellen Lücken ebenso wie mit Unzulänglichkeiten im individuellen Verhalten umgehen können muss – und löst dies über die kollektive Entscheidung.

Die faire Auseinandersetzung stellt er sich so vor: Die Gespräche müssen offen und unparteilich stattfinden. Dabei sollen die Vorstellungen der beteiligten Parteien, was jeweils in der gegebenen Situation gerecht ist, präzise formuliert werden. Es müssen möglichst viele Stimmen tatsächlich gehört, also nicht nur imaginativ nachvollzogen werden. Ein an Smith angelehnter „unparteiischer Zuschauer" schlichtet zwischen den verschiedenen gegenwärtigen Problemlagen. Wie das genau geschehen soll, bleibt jedoch ungeklärt. Als Endresultat jedenfalls ist nicht eine vollständige beziehungsweise „die" Gerechtigkeit an sich angestrebt, sondern „mehr" Gerechtigkeit oder bessere Grundlagen für ein gutes und gerechtes Zusammenleben.

Wenn das vernünftige Aushandeln auf Grundlage von Unparteilichkeit die Grundlage für Gerechtigkeit ist, stellen sich grundsätzlich zwei Fragen: Was ist mit den betroffenen Menschen, die aufgrund eines eingeschränkten Verstandesvermögens nicht selbst an einem solchen Dialog teilnehmen und ihre Interessen äußern können? Die gleiche Frage stellt sich in Bezug auf Dialogpartner, die aufgrund eines schlechteren Zugangs zu Bildung oder aufgrund fehlender Sprachkenntnisse nicht ebenso eloquent in Diskussionen auftreten können wie andere.

Die zweite Frage betrifft die Unparteilichkeit: wer gewährleistet diese? Wie ist es mit faktischen Machtverhältnissen, die in einer Gesellschaft bestehen – offiziellen ebenso wie inoffiziellen? Diese finden sich in jeder Gruppe oder Gemeinschaft. Wie sollen diese behandelt und Hierarchien geglättet werden? Diese Frage ist grundsätzlich immer ein Knackpunkt bei diskursethischen Ansätzen.

Gerecht ist...

... wenn die Bedingungen so sind, dass jeder die tatsächliche Chance hat, sich selbst zu einem besseren Leben (und zwar nach seiner eigenen Vorstellung davon) verhelfen zu können.

... was in einem vernünftigen Austausch unter dem Prinzip der Unparteilichkeit von tatsächlich von der fraglichen Situation Betroffenen ausgehandelt wird.

... nichts Statisches – was gerecht ist, muss immer wieder neu ausgehandelt werden.

Dafür zuständig, dass es gerecht zugeht...

... ist das demokratische Verfahren der vernünftigen Auseinandersetzung mit dem „unparteiischen Zuschauer" als Schlichter – also im Grunde alle potenziellen Diskursteilnehmer.

... ist ein demokratisch organisiertes Staatswesen.

Entscheidende Grundform der Gerechtigkeit:

Chancengleichheit, Zugangs- und Teilhabegerechtigkeit, Generationengerechtigkeit

2.8 PAUL RICŒUR (1913–2005): Pluralität und Absprache

Ricœur vertritt in seinem Werk *Das Selbst als ein Anderer* ähnlich wie Amartya Sen einen argumentationsethischen Zugang: Die Bemühung um ein gutes Leben findet sich bei ihm realisiert in dialogischen Strukturen und gerechten Institutionen. Damit wird er der Grundstruktur seiner Philosophie gerecht: Diese kennt das Selbst, also die egoistische Perspektive des Individuums, und das Andere, also das was sich vom Individuum unterscheidet, nur als Einheit. Ohne das Andere, ohne die Verschiedenheit, gibt es auch keine Individualität. Für mich als Individuum braucht es das „Bunte“ der Welt, ihre Vielfalt, damit ich überhaupt „Ich“ sein kann. Für Ricœur besteht die menschliche Existenz grundsätzlich im Dreieck zwischen Individuum, Staat und Gesellschaft. Um sich selbst zu verstehen, braucht jeder Mensch den Anderen und das Sein in Gesellschaft.

Was genau das „gute Leben“, um das sich jedes Individuum bemüht, jeweils ist, bestimmt sich dabei für jeden anders. Im Grunde bleibt es immer etwas nebulös. Möglich ist diese Bestimmung nur in einer narrativen Form – sinnvoll wird unser Leben nur, wenn wir es zur Erzählung unseres eigenen Lebens machen (vgl. Sen: Autor des eigenen Lebens sein). Die Annäherung an das gute Leben in Form von konkreten Lebensentscheidungen – Karriere, Beziehung, Freizeitgestaltung – kann darum immer nur eine „momentane und provisorische“ (Ricœur 1996, S. 219) sein, ähnlich wie eine gerade entstehende Geschichte. Eine überindividuelle Bestimmung kann es entsprechend nicht geben. Die reine Orientierung an Werten und Normen führt Ricœurs Meinung nach darum in konkreten Entscheidungen immer wieder in eine „praktische Sackgasse“ (ebd., S. 208). Unauflösbare Konflikte entstehen.

Diese faktische Verschiedenheit führt nun dazu, dass in jeder Situation das, was gerecht oder ungerecht ist, neu verhandelt werden muss – die Umstände lassen „keinen theoretischen, sondern nur den praktischen Ausweg des moralischen Situationsurteils zu“ (Ricœur 1996, S. 347) Wie bei Sen ist diese Struktur dialogisch angelegt. Neu gegenüber Sen ist bei Ricœur ist die stärker betonte Ergänzung durch gerechte Institutionen als Mittler der Gerechtigkeit: Diese braucht es laut Ricœur, um den entsprechenden Rahmen zur Verfügung zu stellen, sodass jedem die Verwirklichung des für ihn oder sie besseren Lebens möglich ist. Warum ist das so?

Zwei Ebenen der Gerechtigkeit: Freundschaft und Institutionen

Gerechtigkeit findet für Ricœur auf zwei sich ergänzenden Ebenen statt: Auf der Ebene der Freundschaft und auf der Ebene der Institutionen. In der Freundschaft lebt eine ausgleichende Gerechtigkeit: Jeder gibt zurück, was er erhält. Aus dem Zusammenleben in Sympathie mit dem Anderen, der als Gleicher gesehen wird, entsteht spontan ein mitfühlendes Handeln: die „Fürsorge“. Man steht dem Anderen wohlwollend gegenüber und reagiert spontan fürsorglich, wenn der andere leidet.

Nun leben aber in einer Gesellschaft auch viele von einem selbst sehr verschiedene Menschen, und nicht jedem gegenüber ist man freundschaftlich gesinnt. In der freundschaftlichen Fürsorge ist eine verteilende (distributive) Gerechtigkeit unter diesen Ungleichen nicht mit enthalten. An dieser Stelle kommen die Institutionen ins Spiel: Sie bilden für Ricœur die Struktur des Zusammenlebens einer geschichtlich gewachsenen Gemeinschaft. Über sie regelt sich die gerechte Verteilung von Rollen und Aufgaben sowie Vor- und Nachteilen zwischen den Mitgliedern einer Gesellschaft. Sie fügen „der Gerechtigkeit der Fürsorge etwas hinzu“, denn in ihnen ist „das Anwendungsfeld der Gleichheit die gesamte Menschheit.“ (Ricœur 1996, S. 246) – und eben nicht nur derjenige, der mein Freund ist.

Pluralität und Absprache

Die Grundbedingungen für ein gerechtes Zusammenleben bilden für Ricœur entsprechend Pluralität und Absprache: Pluralität bedeutet den Blick auf die Verschiedenheit und Ungleichheit der Menschen. Hierin ist für Ricœur die Dialogbeziehung zwischen Zweien – die Freundschaft – auf Dritte erweitert. Auch wenn diese Dritten vielleicht keine direkten Dialogpartner sind und dies auch niemals sein werden, aus welchen strukturellen oder persönlichen Gründen auch immer.

„Absprache“ bezeichnet für ihn das dialogische Aushandeln von Gerechtigkeit. Sie ist und bleibt Grundlage seines Gerechtigkeitskonzeptes. Der reale Vollzug der Gerechtigkeit wird im Sinne der Argumentationsethik immer für den Einzelfall und, soweit möglich, unter Beteiligung der Betroffenen gestaltet. „Im Durchgang durch die öffentliche Debatte, das freundschaftliche Gespräch und den Austausch der Überzeugungen bildet sich das moralische Situationsurteil“ (Ricœur 1996, S. 351).

Die Institutionen spielen hierbei die Rolle eines Repräsentanten und Vermittlers in Gerechtigkeitsfragen. „Die Gerechtigkeit ist die erste Tugend sozialer Institutionen.“, so Ricœur in Anlehnung an Rawls (Rawls 1975, S. 19). Wobei Institutionen bestimmt sind als „Strukturen des Zusammen-Leben-Wollens“ (Ricœur 1996, S. 240) Diese Strukturen füllen die „Leerstelle“, die durch fehlende freundschaftliche Verbindungen aufgeworfen ist – zur spontanen freundschaftlichen Kooperation tritt ein Element der Verpflichtung, sich auch dann mit dem Anderen auseinander zu setzen, wenn er mir nicht sympathisch ist oder ich spontan nicht einmal bereit bin, mit ihm irgendwie in Auseinandersetzung zu gehen.

Institutionen können ebenso an die Stelle des direkten Dialogpartners treten. Sie nehmen dessen Stelle in Form einer Vertretung ein. So kann der Staat selbst in Form seiner Institutionen zu meinem Dialogpartner werden oder auch Institutionen für mich als Vermittler meiner Interessen fungieren (vgl. Instanz des „unparteiischen Zuschauers“ von Sen).

Gerecht ist…

…was im Rahmen gerechter Institutionen gemeinsam ausgehandelt wurde. Das kann (und wird) von Situation zu Situation verschieden aussehen.

Zuständig dafür, dass es gerecht zugeht…

… sind staatliche und soziale Institutionen.

… ist jeder Einzelne selbst, indem er sich und seine Interessen und Ansichten (oder auch die seiner Nächsten, seiner „Freunde") vertritt und entsprechende Absprachen trifft.

Entscheidende Grundform der Gerechtigkeit

distributive (Verteilungs-)Gerechtigkeit, Absprache

3 Gerechtigkeit „schaffen“? – Vom dialogischen Aushandeln von Gerechtigkeit

Nach diesem Gang durch die Philosophiegeschichte lade ich Sie ein, auf konkrete Formen des Aushandelns von Gerechtigkeit zu blicken. Unsere Gesellschaft kennt einige davon. Wie solch ein Aushandeln aussehen kann, ist für die Arbeit in sozialen Berufen von großer Relevanz: Im privaten, beruflichen wie auch im öffentlichen Bereich ringen die Menschen, mit denen dort gearbeitet wird, ständig um Anerkennung ihrer Vorstellung einer fairen Behandlung, eines gerechten Miteinanders, einer Anerkennung ihres gewählten Lebensweges oder einfach ihrer Sichtweise auf die Welt beziehungsweise ihre spezifische Lebenssituation.

Diese Anerkennung kann auf zwei Ebenen geschehen: der *intrapersonalen* und der *interpersonalen.* In Coaching, Beratung oder Therapie bringt man zumeist den Menschen mit sich selbst ins Gespräch – man arbeitet an seiner intrapersonalen Sichtweise, an Resilienz, Eigenverantwortung und Ressourcenstärkung. Da das Gefühl einer gerechten oder ungerechten Behandlung zumeist auf bestimmen Erwartungen und Bildern von sich selbst und der Welt beruht, lässt sich schon in diesem Rahmen einiges klären: Warum genau fühle ich mich ungerecht behandelt? Wer oder was ist daran beteiligt? Welches Verständnis von Gerechtigkeit liegt meinem Gefühl zugrunde? Und kann ich etwas dagegen unternehmen – indem ich meine Sicht- und Reaktionsweise verändere, ein Gespräch mit dem Anderen führe, den Job wechsle etc.?

In manchen Fällen kann, meist aus strukturellen Gründen, nur diese Ebene behandelt werden. Und in manchen Fällen kann dies auch ausreichend sein, um einen inneren Ausgleich für die Gerechtigkeitsfrage in der betreffenden Situation und damit einen gewissen inneren Frieden wieder zu finden. In vielen Fällen

C. Funke, *Gerechtigkeit,* essentials,
DOI 10.1007/978-3-658-16476-8_3

jedoch spielt die interpersonale Perspektive eine so große Rolle, dass der Wunsch, sie einzubeziehen, entsprechend groß ist oder sogar unabdingbar erscheint. Sehen wir uns entsprechend einige Formen des intersubjektiven Aushandelns an, die in unserer Gesellschaft bereits mehr oder weniger institutionalisiert sind:

Einige Formen bzw. Orte des Aushandelns – ein Überblick

Intrasubjektiv: Einzel-Therapie, Coaching, Beratung

Intersubjektiv:

- **im privaten Bereich**
  - Paar- und Familientherapie // Paar- und Familienberatung
  - Paar- und Familien-Mediation (Konfliktvermittlung)
  - …und natürlich jedes einzelne klärende Gespräch, das Menschen in nahen Beziehungen miteinander führen (vgl. z. B. die Methode der Zwiegespräche nach Moeller oder die Gewaltfreie Kommunikation nach Marshall Rosenberg)

- **im beruflichen Bereich**
  - Personal- und Mitarbeitergespräch; Gehaltsverhandlungen etc.
  - Team-Mediation
  - OE-Beratung und Team-Building
  - …und natürlich jedes einzelne klärende Gespräch, das man mit seinem Kollegen oder seinem Vorgesetzten sucht

- **im öffentlichen Bereich**
  - Bürgerbeteiligungsverfahren (z. B. bei Windkraftprojekten), Schlichtungsverfahren (z. B. Stuttgart 21), Runde Tische, Podiumsdiskussionen…
  - Gerichtsverfahren
  - Tarifverhandlungen
  - usw. …
  - Mediation/Konfliktvermittlung:
    Mediation in Strafsachen (Täter-Opfer-Ausgleich/Restorative Justice)

Öffentliche Mediationsverfahren wie z. B. Community Mediation, Umweltmediation, politische Mediation (auch in bewaffneten Konflikten)[1]

Nachbarschaftsmediation

Streitschlichter in Schulen

– ...und natürlich jedes einzelne Gespräch, mit dem man versucht, zwischen streitenden Schülern, Nachbarn, Freunden etc. zu vermitteln

Nicht alle diese Formen können in diesem Rahmen näher vorgestellt werden. Auf zwei interessante Konzepte möchte ich jedoch kurz eingehen: die „Gerechtigkeit in nahen Beziehungen" des Heidelberger Systemikers Helm Stierlin, und die Mediation anhand der „Restorative Justice".

3.1 HELM STIERLIN: Gerechtigkeit in nahen Beziehungen

Die Gerechtigkeit in nahen Beziehungen beschäftigt sich mit der Gerechtigkeit im privaten Bereich. Sie kann intrasubjektiv und intersubjektiv ausgehandelt werden. Stierlin arbeitet mit dem Begriff der „inneren Verdienstkonten": jeder Mensch mache in Beziehungen Verdienstkonten auf, auf denen er Geben und Nehmen, Verdienst und Schuldigkeit verzeichnet. Dabei können Verrechnungsnotstände auftreten, die als ungerecht empfunden werden. Für eine friedliche und gefestigte Beziehung muss sich das Verdienstkonto als ausgeglichen anfühlen. Hierfür muss es „gerecht" zugehen.

Stierlin nimmt an, dass den Verrechnungen bestimmte Werte und Gerechtigkeitsprämissen zugrunde liegen. Wie diese inhaltlich gefüllt sind, hängt ab von der Herkunftsfamilie, vom aktuellen existenziell relevanten Zugehörigkeitssystem und von dem, was in wichtigen anderen Bezugssystemen wie nationalen, ethnischen, religiösen, betrieblichen oder anders geprägten Gemeinschaften gilt. Stierlin beschreibt hierbei vor allem emotionale Zusammenhänge, also weniger

[1]Ein historisch bekanntes Beispiel ist die erfolgreiche Vermittlung von Jimmy Carter zwischen Israel und Ägypten zur Lösung der Streitfrage um die Sinai-Halbinsel (Camp-David-Abkommen 1978).

eine Vernunftlogik, mit der die meisten Philosophen arbeiten, als vielmehr eine Affektlogik (vgl. auch Ciompi 1997).

Verrechnungskonten lassen sich über Austausch bearbeiten: Menschen, die nahe Beziehungen unterhalten, sollten sich darum über ihre jeweiligen Gerechtigkeitsprämissen austauschen. Das kann präventiv geschehen oder wenn Konten bereits ins Ungleichgewicht geraten sind. Im Dialog verändert sich die Wahrnehmung dessen, was passiert ist, und dessen Bewertung als „ungerecht".

3.2 Mediation am Beispiel der Restorative Justice (Täter-Opfer-Ausgleich)

Auch der Mediation geht es um das Wiederherstellen von Beziehung, wenn sie durch Konflikte brüchig geworden ist. Das Mittel dazu ist der tatsächliche interpersonale Dialog zwischen verschiedenen Konfliktparteien. Mediation kann im privaten, beruflichen und öffentlichen Bereich stattfinden. Hier soll die Form der Restorative Justice, des Täter-Opfer-Ausgleichs, vorgestellt werden. Mit ihr wechseln wir von der privaten Sphäre in den öffentlich-rechtlichen Bereich.

Ein Beispiel aus der Praxis: die Ohrfeige und die Beleidigung der Mutter
Zwei Mädchen kamen zu mir in den Täter-Opfer-Ausgleich. Sie waren auf einem Fest in Streit geraten, es gab Beleidigungen und einen Schlag ins Gesicht. Das innere Bild voneinander hatten sie ziemlich klar: die 17-jährige Sandra[2] hielt die 14-jährige Lea für frech und aggressiv. Lea war überzeugt von Sandras Arroganz. Sandra habe ihre Mutter beleidigt, die Ohrfeige sei eine angemessene Reaktion. Wir führten gemeinsam ein Mediationsgespräch. Zu Beginn war die Atmosphäre eisig und durchzogen von Misstrauen. Mit der Zeit begannen sich die Bilder voneinander zu verändern: Sandra horchte auf, als Lea in leisen Andeutungen von ihrer familiären Situation erzählte und warum speziell die Beleidigung ihrer Mutter sie so provoziert hatte. Lea wiederum konnte Sandra zuhören, als diese erklärte, dass die Beleidigung nicht von ihr, sondern aus der Gruppe gekommen sei. Den Schlag empfand sie darum als unfair. Beide wurden füreinander während des Gesprächs immer mehr als komplexe menschliche Wesen sichtbar. Gegen Ende konnte sich Lea bei Sandra entschuldigen. Schließlich zogen die beiden zusammen los – das Gefühl von Ungerechtigkeit war gemildert oder verschwunden, statt einem Rechthabenwollen hatte sich die Beziehung gestärkt.

[2]Namen sind von der Autorin geändert.

Im strafrechtlichen Rahmen geht es klassischerweise um die Verletzung von Gesetzen und Rechten und die entsprechende Verhandlung vor Gericht zwischen Staat und Bürger. Stattdessen fokussiert sich die Restorative Justice (RJ) auf die Verletzung von Menschen und Beziehungen und versucht, einen herrschaftsfreien Rahmen zur Verhandlung herzustellen (einen guten Überblick geben Früchtel & Halibrand 2016). Es geht nicht darum, dass die eine Konfliktpartei die Auseinandersetzung gewinnt und damit „ihr Recht" bekommt, während die andere Partei verliert. Der RJ geht es um das Wiederherstellen von gesunden Beziehungen über einen fairen Ausgleich – im Fokus steht also nicht das Ziel, den Konfliktparteien im Sinne einer allgemeinen Norm Gerechtigkeit widerfahren zu lassen. Es geht vielmehr um die Wiederherstellung einer persönlichen *Erfahrung* von Gerechtigkeit (vgl. Domenig 2013, S. 12). Medium hierfür ist der Austausch über das, was als ungerecht erlebt wird, und das Verhandeln über mögliche ausgleichende, „korrigierende" Maßnahmen.

„Restorative Justice ist mehr als eine Antwort auf die Frage ‚Wie ist mit Kriminalität umzugehen?'; sie berührt letztlich die grundlegende Frage‚Wie wollen wir miteinander leben?'" (Domenig 2013, S. 20). Es geht um einen Gesellschaftsentwurf, der sich an gelingenden Beziehungen, einer lebendigen und alle Grundbedürfnisse und Gerechtigkeitsvorstellungen berücksichtigenden Gemeinschaft und einem versöhnlichen Miteinander orientiert. Hiermit ist der RJ eine ähnlich gesellschaftstragende Rolle zugewiesen, wie wir sie bei Sen und Ricœur und in Ansätzen im Spätwerk von Rawls finden: das Aushandeln als grundlegendes Strukturmoment einer gerechten Gesellschaft. Eine entsprechende Funktion kann generell der Methode der Mediation, der Vermittlung in Konflikten, zugeschrieben werden. Die Mediation kann ein hilfreiches Instrument zur Wiederherstellung von Gerechtigkeit in nahen Beziehungen ebenso wie in der nicht-strafrechtlichen öffentlichen Sphäre wie zum Beispiel Nachbarschaften, Kollegien, Erbschaftsstreitigkeiten etc. sein.

Entscheidend hierbei ist ihre unparteiische Anlage: Sie schafft einen Rahmen, in dem mithilfe eines unparteiischen Dritten eine gerechte Lösung ausgehandelt werden kann. Was für Sen und Ricœur als Argumentationsethiker zentral, jedoch praktisch schwierig zu bestimmen ist, findet in der Rolle des Mediators eine praktische Antwort: der Mediator ist derjenige, der für ein gerechtes Verfahren sorgt – wenn man so will ist er Geburtshelfer einer diskursiv hergestellten Gerechtigkeit.

Selbstverständlich kann dies nicht in allen Situationen gelingen. Gegen strukturelle Ungerechtigkeiten kann eine Mediation wenig bewirken, es sei denn sie findet in einem offiziell legitimierten öffentlichen Rahmen statt. Und selbst dort bleibt ihr Einfluss begrenzt. – Das Aushandeln in den derzeitig etablierten Formen hat Grenzen. Aber liegen diese Grenzen im Aushandeln an sich – oder müssten nur die Formen und Orte des Aushandelns passender gestaltet und ausgeweitet werden?

Das soll als Frage stehen bleiben. Interessant ist, dass die Anlagen für ein unparteiisches Aushandeln von Gerechtigkeit in unserer modernen Gesellschaft durchaus vorhanden sind. Ebenso wie ein demokratisch strukturierter Staat mit Institutionen, deren Rolle es ist, für Gerechtigkeit zu sorgen. Errungenschaften philosophischen Denkens? Möglicherweise. Jedenfalls ist die Frage nach Gerechtigkeit nicht abgeschlossen – weder im philosophischen Denken noch im politischen, persönlichen und professionellen Handeln. Ich hoffe, dieses Buch hat Ihnen einiges Handwerkszeug zur Verfügung gestellt, um diese Frage weiter zu denken und mit anderen zu diskutieren.

Abschluss und persönlicher Rückblick
Ich lade Sie nun ein, sich zurück zu lehnen und noch einmal das Gelesene und das, was Sie dabei gedacht und empfunden haben, Revue passieren zu lassen. Was hat sich an ihrem Gerechtigkeitsverständnis eventuell verändert, was ist gleich geblieben?

Welches Verständnis von Gerechtigkeit hat Sie besonders angesprochen? Warum?

………………………………………………………………………………………………

………………………………………………………………………………………………

Welches Verständnis von Gerechtigkeit hat sich besonders gesperrt? Warum?

………………………………………………………………………………………………

………………………………………………………………………………………………

Was sind für Sie wichtige Prinzipien für Gerechtigkeit? Welche davon möchten Sie insbesondere in ihre berufliche Praxis mitnehmen?

………………………………………………………………………………………………

………………………………………………………………………………………………

Und abschließend: Können Sie sich als Pädagog/in, Berater/in oder Sozialarbeiter/in in der Rolle eines „Geburtshelfers für Gerechtigkeit" wiederfinden? Denken Sie dabei an eine besondere Situation aus ihrem Berufsleben? Oder sperrt sich für Sie diese Vorstellung?

………………………………………………………………………………………………

………………………………………………………………………………………………

Ein Übungsangebot zur eigenen Reflexion im Berufsalltag
Wenn Sie möchten, können Sie sich in Momenten, wo Sie empört, widerständig, zornig, vielleicht auch hilflos und ohnmächtig auf bestimmte Situationen in ihrem Berufsalltag reagieren, fragen: Was genau empfinde ich gerade als ungerecht? Welches Prinzip ist für mich verletzt? Und gibt es vielleicht einen hilfreichen dialogischen Ansatz, den ich wählen kann – mit mir selbst oder einem anderen?

Was Sie aus diesem *essential* mitnehmen können

- In der Praxis ist das eigene Gerechtigkeitsempfinden in bestimmten Situationen handlungs(mit)bestimmend. Dann hilft es, sich die dahinter stehenden Normen und Werte bewusst zu machen.
- Gerechtigkeitsfragen sind komplex und ebenso komplex die Antworten. Eine allgemein anerkannte „Wahrheit" gibt es nicht. Was gerecht ist und was nicht, muss innerhalb einer Gesellschaft immer wieder neu gedacht bzw. ausgehandelt werden.
- Wenn es um Gerechtigkeitsfragen geht, spielt nicht nur die rationale Logik (Vernunft) eine Rolle, sondern ebenso eine emotionale Logik (Affekte). Vernachlässigt man eins von beiden, kann die Frage nach Gerechtigkeit nicht vollständig behandelt werden.

C. Funke, *Gerechtigkeit,* essentials,
DOI 10.1007/978-3-658-16476-8

Literatur

Aristoteles. (2006). Nikomachische Ethik. In U. Wolf (Hrsg.), *Aristoteles, Nikomachische Ethik*. Reinbek bei Hamburg: Rowohlt.

Bauer, J. (2008). *Das kooperative Gen. Abschied vom Darwinismus*. Hamburg: Heyne.

Bauer, J. (2013). *Schmerzgrenze. Vom Ursprung alltäglicher und globaler Gewalt*. München: Blessing.

Benhabib, S. (2008). *Die Rechte der Anderen. Ausländer, Migranten, Bürger*. Frankfurt a. M.: Suhrkamp.

Ciompi, L. (1997). *Die emotionalen Grundlagen des Denkens. Entwurf einer fraktalen Affektlogik*. Göttingen: Vandenhoeck & Ruprecht.

Domenig, C. (2013). Restorative Justice. In DBH Fachverband und TOA Servicebüro (Hrsg.), *Restorative Justice: Der Versuch, das Unübersetzbare in Worte zu fassen* (S. 8–23) Köln: DBH-Fachverband.

Früchtel, F., & Halibrand, A. (2016). *Restorative Justice. Theorie und Methode für die Soziale Arbeit*. Wiesbaden: Springer VS.

Grundwald, K., & Thiersch, H. (2015). Lebensweltorientierung. In H.-U. Otto & H. Thiersch (Hrsg.), *Handbuch Soziale Arbeit* (S. 934–943). München: Reinhardt.

Hradil, S. (2016). Die sozialen Gerechtigkeiten. RHI Diskussion. Roman Herzog Institut. http://www.romanherzoginstitut.de/fileadmin/media/veranstaltungen/downloads/20130805/RHI_Diskussion_Gerechtigkeit_Hradil.pdf. Zugegriffen: 30. Juli 2016.

Institut für Demoskopie Allensbach. (2013). *Was ist gerecht? Gerechtigkeitsbegriff und –wahrnehmung der Bürger*. Institut für Demoskopie Allensbach. http://www.ifd-allensbach.de/studien-und-berichte/veroeffentlichte-studien.html. Zugegriffen: 30. Juli 2016.

Kant, I. (1966). Grundlegung zur Metaphysik der Sitten [GMS]. In W. Weischedel (Hrsg.), *Immanuel Kant, Werke* (Bd. 4, S. 9–102). Darmstadt: Wissenschaftliche Buchgesellschaft.

Kant, I. (1988). Schriften zur Rechtsphilosophie. In K. Hermann (Hrsg.), *Kant Rechtslehre: Schriften zur Rechtsphilosophie*. Berlin: Akademie-Verlag.

Locke, J. (2007). Zweite Abhandlung über die Regierung (1690 recte,1989). In L. Siep & H. J. Hoffmann (Hrsg.), *Locke*. Zweite Abhandlung über die Regierung. Frankfurt a. M.: Surhkamp.

Mill, J. S. (2006). Utilitarianism/Der Utilitarismus. In D. Birnbacher (Hrsg.), *Mill. Utilitarianism/Der Utilitarismus*. Stuttgart: Reclam.

Müller, W. E. (2014). *Konzeptionen der Gerechtigkeit*. Stuttgart: Kohlhammer.

C. Funke, *Gerechtigkeit,* essentials,
DOI 10.1007/978-3-658-16476-8

Neuhäuser, C. (2013). *Amartya Sen zur Einführung*. Hamburg: Junius.

Platon (1989). Der Staat [Rep.]. In O. Apelt (Hrsg.), Platon*: Der Staat. Über das Gerechte*. Hamburg: Meiner.

Rawls, J. (1975). Eine Theorie der Gerechtigkeit [TG]. In H. Vetter (Hrsg.), *Rawls. Eine Theorie der Gerechtigkeit*. Frankfurt a. M.: Suhrkamp.

Rawls, J. (2003). *Gerechtigkeit als Fairness. Ein Neuentwurf [GF]*. Frankfurt a. M.: Suhrkamp.

Ricœur, P. (1996). Das Selbst als ein Anderer. In J. Greisch (Hrsg.), *Ricœur- Das Selbst als ein Anderer*. München: W. Fink.

Sen, A. (2010). *Die Idee der Gerechtigkeit*. München: Beck.

Stierlin, H. (2007). *Gerechtigkeit in nahen Beziehungen. Systemisch-therapeutische Perspektiven*. Heidelberg: Carl Auer.